Lilo
Schmitz

Lösungsorientierte Gesprächsführung

Trainingsbausteine für Hochschule, Ausbildung & kollegiale Lerngruppen

x-lösungen

x-lösungen
Kaiserstr. 42
50321 Brühl
Tel. 02232-12462
lilo.schmitz@fh-duesseldorf.de

ISBN 3-00-010180-2

Druck: MVR-Druck GmbH Brühl

INHALT

1. ZU DIESEM TRAININGSBUCH

WAS FINDEN SIE IN DIESEM TRAININGSBAND ?

Seit über 20 Jahren bilde ich Menschen in Gesprächsführung und Beratung aus. In den letzten 10 Jahren lag das Schwergewicht auf der Vermittlung, Übertragung und Erweiterung des lösungsorientierten Ansatzes, wie ich ihn selbst bei Steve de Shazer und Insoo Kim Berg in Deutschland und Milwaukee gelernt habe.

In diesem Band finden Sie eine bewährte Auswahl meiner Übungen für die Gesprächsführung mit einzelnen GesprächspartnerInnen, mit denen kollegiale Lerngruppen lösungsorientierte Haltung und Technik einüben können. Ergänzt wird der Band durch 2 Bausteine zur kollegialen Beratung, die gut in kollegialen Lerngruppen eingesetzt werden können.

Die Übungen habe ich selbst entwickelt, wobei neben Anregungen von Steve de Shazer und Insoo Kim Berg auch die Rückmeldungen, Verbesserungen und Anregungen unserer workshop-TeilnehmerInnen in die einzelnen Übungen eingeflossen sind. Auch der ständige Austausch und die langjährige professionelle und freundschaftliche Zusammenarbeit mit meiner Kollegin Birgit Billen hat diese Übungen bereichert und weiterentwickelt.

In diesem Sinne lade ich alle LeserInnen ein, die selbst Trainings in Lösungsorientierung anbieten, regen Gebrauch von diesen Materialien zu machen, aber nicht zu vergessen, die Quelle zu nennen. Durch Vergrösserung der Buchseiten auf 130% erhalten Sie Vorlagen, die sich gut im Training und an der Hochschule verwenden lassen.

WAS FINDEN SIE NICHT IN DIESEM TRAININGSBAND ?

Dieser Trainingsband stellt keine Einführung in den lösungsorientierten Ansatz dar.

Ergänzend zu den Übungen dieses Bandes empfehle ich Ihnen eines der am Ende genannten Lehrbücher sowie – falls irgend möglich – den Besuch eines lösungsorientierten Einführungs-Seminars.

Dieser Band beschränkt sich auf Gesprächsführungs-Bausteine mit einzelnen GesprächspartnerInnen und KlientInnen. Der Umgang mit schwierigen KlientInnen in Situationen mit komplexen Aufträgen, die Umsetzung in die Gruppenarbeit und in Trainings würde den Rahmen dieses Bandes sprengen und soll in nachfolgenden Veröffentlichungen berücksichtigt werden.

ER? – SIE? – DU? – SIE?

Beide Geschlechter zu berücksichtigen produziert oft sehr lange Sätze. Wenn an vielen Stellen des Trainingsbuches nur die weibliche Form auftaucht, sind Männer immer mit gemeint und angesprochen.

Wo Menschen in psychosozialen Berufen zusammen arbeiten oder lernen, gehen sie gerne zum kollegialen „du" über. Bei bestimmten Bausteinen, die in einer vertrauten Lerngruppe durchgeführt werden sollten, habe ich das „du" auch in der Übungsanleitung übernommen. Ansonsten finden Sie die Übungsanleitung in der distanzierteren „Sie"-Form, die Sie in Ihrer Lerngruppe entsprechend abändern können.

LÖSUNGSORIENTIERUNG KANN NICHT AUS BÜCHERN GELERNT WERDEN

Wer lösungsorientiert beraten lernen will oder lösungsorientierte Elemente in seine Praxis aufnehmen möchte, muss dies trainieren.

Trainings in Lösungsorientierung finden zur Zeit in vier wichtigen Bereichen statt:

- **In der Hochschule**

Hier üben Studierende, vor allem aus Psychologie und Sozialarbeit / Sozialpädagogik im Rahmen ihres Studiums Gesprächsführung.

- **In der Fort- und Weiterbildung**

In berufsbegleitenden Zusatzausbildungen von (meist) systemischen Ausbildungsinstituten und in Fortbildungen kann lösungsorientierte Haltung und Technik ausgebildet und trainiert werden.

- **In der kollegialen Lerngruppe**

Kollegiale Lerngruppen bilden sich zum Teil undogmatisch und spontan, wo Menschen aus psychosozialen Berufen ein Forum zum kollegialen Austausch und zur Fortbildung suchen. In berufsbegleitenden Zusatzausbildungen lernen die TeilnehmerInnen in der Regel ausserhalb der Haupt-Seminartage noch in selbstorganisierten „Peer-Gruppen", die gemeinsam das Gelernte vertiefen und trainieren.

- **Mit den eigenen KlientInnen**

Einige KollegInnen, die auf Seminaren oder durch Lektüre den lösungsorientierten Ansatz kennen gelernt haben, trainieren einzelne Bausteine mit ihren eigenen KlientInnen und lernen aus der damit erfahrenen Entwicklung der Gespräche. Bei dieser Form des Trainings, die für einige KollegInnen durchaus gangbar erscheint, fehlt allerdings die kollegiale Rückmeldung, die bei den anderen drei Formen wertvolle Informationen gibt.

AUFBAU EINER KOLLEGIALEN LERNGRUPPE

Kollegiale Lerngruppen haben vor allem in den therapeutischen Zusatzausbildungen im psychosozialen Bereich Tradition: in so genannten „Peer-Gruppen“ haben viele von uns als Ausbildungs-TeilnehmerInnen gemeinsam gelernt und unsere persönliche Entwicklung begleitet.

Aber auch außerhalb des Ausbildungszusammenhangs gibt es viele gute Gründe für den Aufbau einer kollegialen Lerngruppe:

- Wir gewinnen ein Forum für fachlichen Austausch und kollegiale Beratung.
- Wir haben direkt die Möglichkeit, neue Ansätze in der gegenseitigen Beratung zu erproben.
- Wir können Freunde und Bekannte – statt sie selbst privat zu beraten (sehr ungünstig!) – einladen, sich von unseren KollegInnen in der kollegialen Lerngruppe beraten zu lassen.
- Wir haben eine freundschaftliche Gruppe, die uns Rückhalt und echtes Feed-Back bei beruflichen Spannungs-Situationen gibt.
- Wir können uns selbst von KollegInnen beraten und begleiten lassen.

Erfolgreiche kollegiale Lerngruppen treffen sich entweder regelmäßig mindestens alle 14 Tage oder veranstalten Fortbildungs-Wochenenden z.B. in landschaftlich schön gelegenem Umfeld.

Wenn Sie den lösungsorientierten Ansatz im Selbststudium erproben wollen, suchen Sie sich in jedem Fall eine kollegiale Lerngruppe, um die hier beschriebenen Trainingsbausteine üben zu können. Es wird sich für Sie lohnen!

ROLLENSPIEL UND ECHTE ANLIEGEN

Rollenspiele in der Gesprächsführungs-Ausbildung haben eine gute Tradition und sind stets sinnvoll, wenn ich keine authentischen Fälle bearbeiten kann (z.B. ich übe für den Hausbesuch bei einer Familie).

Ein großer Nachteil von Rollenspielen: Wer eine Rolle spielt, freut sich oft, endlich die Rolle einer besonders "schwierigen" Klientin spielen zu können und hält diese Rolle in jedem Fall durch. Die KollegInnen können sich "die Zähne ausbeißen".

In meinen lösungsorientierten Trainings arbeite ich, wo immer es geht, mit <u>echten</u> und aktuellen Anliegen der TeilnehmerInnen. Die wichtigsten Gründe, die dafür sprechen:

- Als Beraterin haben Sie keine Schauspielerin vor sich, sondern einen Menschen, der an wirklichen Anliegen arbeitet und mit Ihnen eine authentische Beratungssituation gestaltet.
- Zusätzlich gewinnen Sie Selbsterfahrung, die ein wichtiger Bestandteil von Gesprächsführungs- und Beratungsausbildungen sein sollte: Lösungsorientierte Selbsterfahrung meint hier:
- Sie erfahren lösungsorientiertes Arbeiten aus der Sicht eines Menschen, der beraten wird.
- Sie öffnen sich Ihrer Lerngruppe und verlassen sich auf die Vertraulichkeit alles Besprochenen.
- Sie arbeiten lösungsorientiert und mit Unterstützung Ihrer Trainingsgruppe an kleinen und größeren Lebensthemen.

INFORMATIONS-BLATT ZUR ARBEIT AN EIGENEN ANLIEGEN

Bei Trainings empfiehlt es sich, die TeilnehmerInnen vor oder zu Beginn über dieses Arbeiten an echten Anliegen zu informieren.

Auf der folgenden Seite finden Sie als Beispiel das Informationsblatt, das ich selbst verwende:

INFORMATIONS-BLATT ZUR ARBEIT AN EIGENEN ANLIEGEN

Liebe Teilnehmerin, lieber Teilnehmer,

Im Rahmen unseres lösungsorientierten Trainings werden Sie selbst als Berater/in tätig und auch selbst beraten werden.
Wir beraten ausschließlich echte Anliegen, damit Sie auch als "KlientIn" Erfahrung in lösungsorientiertem Arbeiten sammeln.
Überlegen Sie vielleicht schon jetzt, welches eigene Anliegen Sie bearbeiten wollen.

Viele unserer TeilnehmerInnen arbeiten mit zunehmendem Vertrauen in der Trainingsgruppe an wichtigen Lebensanliegen.

Das muss aber nicht so sein. Ihr Anliegen darf durchaus klein und unspektakulär sein (z.B. der unaufgeräumte Schreibtisch, die aufgeschobene Steuererklärung, die leidigen Überstunden, eine schwierige Klientin...). Wichtig ist nur, dass es sich um ein echtes Anliegen handelt.

Unsere Trainingsberatungen sind stets respektvoll und an Ihren Kompetenzen orientiert. Alle TeilnehmerInnen des Trainings verpflichten sich zu Verschwiegenheit.

2. WAS IST LÖSUNGSORIENTIERTE GESPRÄCHSFÜHRUNG ?

EINE KURZ-EINFÜHRUNG

Das lösungsorientierte Beratungsmodell ist in den letzten 30 Jahren von Steve de Shazer, seine Ehefrau Insoo Kim Berg und ihren MitarbeiterInnen am „Brief Family Therapy Center" in Milwaukee/USA entwickelt worden.
Je nach Land, Hintergrund und Definition ist dabei die Rede von „Lösungsorientierter (Kurz-) Therapie" oder „Lösungsorientierter Beratung".

Ich habe mich für diesen Trainingsband für den Begriff „Lösungsorientierte Gesprächsführung" entschieden. Zum einen ist „Gesprächsführung" als Oberbegriff nicht auf den Beratungskontext beschränkt, sondern umfasst alle Arten geplanter und methodisch vorbereiteter Gespräche. Auch lösungsorientierte Gesprächsführung wird in vielen Kontexten außerhalb der Beratung, z.B. in der Mitarbeiterführung oder in Trainings eingesetzt.

Der Terminus „lösungsorientierte Gesprächsführung" ist umfassend und hält gleichzeitig das Ausbildungs- und Trainingsziel dieses Bandes bescheiden.

Lösungsorientierung hat in den letzten Jahren und Jahrzehnten Karriere gemacht und diese freundliche und respektvolle Art der Gesprächsführung und Beratung hat immer mehr Freundinnen und Freunde gefunden. Dafür gibt es gute Gründe:

- Der Ansatz bestärkt die KlientInnen in ihrer Selbstwirksamkeits-Überzeugung und fördert daher Prozesse des Empowerment.
- Der Ansatz geht schonend mit den Kräften und Ressourcen der Beraterin um. Die Hauptarbeit wird von der Klientin geleistet.

Zahlreiche PraktikerInnen in der ganzen Welt haben den Ansatz übernommen, mit anderen Beratungsansätzen und eigenen neuen Ideen kombiniert, in unterschiedliche Beratungsfelder eingebracht und so ihren eigenen Beratungs-Stil entwickelt.
Einige Erweiterungen des Modells finden Sie auch in diesem Trainingsbuch, neben meinen eigenen z.B. das in Nordeuropa entwickelte "Reflektierende Team" oder das Stufenmodell der Veränderung nach Prochaska, Norcross und di Clemente.

DIE PHILOSOPHIE UND LERNTHEORIE DES LÖSUNGSORIENTIERTEN ANSATZES :

♦ Menschen verändern sich durch Sprache

Aus konstruktivistischer Sicht erzeugen Menschen Deutungen und Sinn durch Sprache.
Sprache entfaltet dabei eine große Kraft im Sinne einer selbsterfüllenden Prophezeiung. So können wir bestimmte Dinge "herbeireden" und andere "totschweigen".

Lösungsorientierte Gesprächsführung regt GesprächspartnerInnen an, über andere und ungewöhnliche Dinge nachzudenken. Lösungsorientierte Gesprächsführung unterstützt sie, ihre Ziele zu finden, bisherige Erfolge aufzuspüren und neue Schritte einzuleiten.

♦ Lösungen und Probleme haben nicht notwendig miteinander zu tun

Probleme lassen sich aus lösungsorientierter Sicht häufig nicht lösen, sondern nur "verwinden" (K.LUDEWIG), d.h. sie werden vielleicht vergessen, nicht mehr ernst genommen oder verschwinden unmerklich. Ziele zu setzen, Lösungen und neue Wege zu suchen braucht keine vorherigen Problemanalysen.

♦ Lösungen erarbeiten die KlientInnen, nicht die BeraterInnen.

Lösungen bringt alle Menschen schon mit, da sie in vielen Bereichen ihr Leben gut gestalten. Hier knüpft Lösungsorientierung an, indem sie den Fokus auf diese Bereiche lenkt.

♦ Die BeraterInnen sollten in der Gesprächssituation nicht mehr arbeiten als die KlientInnen.

Wir können Menschen nicht verändern, wir können sie nur bei ihren Veränderungsprozessen und in ihrem Tempo begleiten.
Jede Trainerin in einem Fitness-Kurs weiß, dass ihre Kundin selbst trainieren muss, wenn sie sportlicher werden möchte. Im Bereich der psychosozialen Beratung tun wir aber häufig so, als könnten wir statt unserer KlientInnen die Hanteln schwingen und damit zu ihrer Fitness beitragen.

Im Beratungsprozess machen Menschen unterschiedliche Phasen von Veränderungsprozessen mit unterschiedlichem Einsatz von Tempo und Energie durch. Hier sensibel für die Situation der KlientInnen unsere eigene Energie sparsam einzusetzen, ist einer der herausfordernden Lernprozesse in der lösungsorientierten Ausbildung.

Besonders lohnend sind die Übungen mit klagenden und jammernden KlientInnen.

♦ Der Ansatz ist einfach, aber nicht leicht.

Bei aller einfachen und klaren Struktur fordert die Gesprächsführung nach dem Milwaukee-Modell ein extrem aufmerksames Ohr für alle Äußerungen der GesprächspartnerInnen, die auf Fähigkeiten und Ressourcen hinweisen, weiterhin Neugier, Interesse und Optimismus. Auch die vom Ansatz geforderte bescheidene Haltung des „Nicht-Wissens" einzunehmen, kann zu Beginn recht schwierig sein.

♦ Der Ansatz ist langsam und gründlich.

Steve de Shazer sagt dazu: "Geh langsam vor(an). Je mehr du versuchst, Dinge zu beschleunigen, desto mehr können Sie durcheinandergeraten."
Gerade da, wo wir meinen, die Klientin schon genau zu kennen, fragen wir noch einmal besonders gründlich nach. Neugier, Gelassenheit und Gründlichkeit zeichnen den Milwaukee-Ansatz aus.

♦ Es gibt keine „richtigen" und „falschen" Sichtweisen.

Als konstruktivistischer Ansatz geht das Milwaukee-Modell davon aus, daß es keine "richtigen" oder "falschen" Sichtweisen gibt. Jeder Mensch hat seine eigene ganz persönliche Sichtweise, die in der Gesprächsführung respektiert wird und als Rahmen für Veränderungen genutzt wird. Es gibt viele mögliche Wege zum Ziel!

♦ Veränderung ist unvermeidlich, Stabilität nur eine Illusion, das Leben ein Prozeß ständigen Wandels.

Probleme kommen und gehen. Viele Probleme verschwinden ganz von selbst. Menschen sind ständig in Veränderung und Bewegung. Jede Veränderung birgt in sich neue Möglichkeiten, Fähigkeiten auszubauen, neue Blickwinkel zu gewinnen und das Leben befriedigend zu gestalten.

♦ Lösungsorientierte Ethik:

Erstrebenswert ist aus Sicht der Lösungsorientierung alles, was Möglichkeiten von Menschen erweitert

♦ DREI GRUNDREGELN DES LÖSUNGSORIENTIERTEN MODELLS:

♦ Repariere nicht, was nicht kaputt ist!

Der Ansatz respektiert – ganz im Sinne des Empowerment – die eigensinnigen und eigenwilligen Lebensentwürfe von Menschen. Er will Menschen nicht besserwisserisch „korrigieren", sondern unterstützen, eigene Ziele zu verfolgen und die eigenen Fähigkeiten auszubauen.

♦ Wenn etwas funktioniert, mache mehr davon!

Im Leben aller Menschen gibt es bereits Lösungen und erste Schritte in Richtung ihrer Ziele. Diese herauszuarbeiten und zu verstärken, gehört zu den Grundstrategien des Modells.

♦ Wenn etwas nicht funktioniert, wiederhole es nicht. Mach etwas anderes!

Das Modell investiert keine Energie in die Analyse dessen, was nicht gelingt. Probiere einfach etwas Neues! lautet die Devise.

DAS WICHTIGSTE HANDWERKSZEUG DES ANSATZES

♦ Offene kompetenzorientierte Fragen

regen die KlientInnen optimal an, neu und anders nachzudenken über sich, ihre Ziele und ihre individuellen Wege dorthin.
In diesem Trainingsbuch lernen Sie zunächst die Kraft lösungsorientierter Fragen aus Sicht der BeraterIn und KlientIn kennen. In späteren Übungen machen Sie erste Schritte, solche Fragen in Ihrem eigenen Stil zu konstruieren und für Ihr Arbeitsfeld passend zu machen.

♦ Echtes Lob und Reframing

Echtes und ehrliches positives Feed-Back unterstützt und ermutigt unsere KlientInnen. Reframing setzt Dinge in einen anderen Rahmen, in ein neues Licht, ohne sie schön zu reden.
In diesem Trainingsbuch machen Sie Erfahrung damit, echtes Lob auszusprechen und anzunehmen. Wenn Sie üben, wird im Laufe der Zeit wird ein Sichtwechsel stattfinden: Sie werden immer mehr Anlass finden, kongruent und passend Lob und Reframing einzusetzen.

♦ Skalierungen

Zahlen-Skalen helfen KlientInnen und GesprächspartnerInnen weg vom schwarz/weiss - gut/schlecht - Denken, machen kleine Schritte planbar und kleine Erfolge erkennbar.
In diesem Trainingsbuch lernen Sie erste Skalierungs-Fragen kennen und üben schrittweise den souveränen und spielerischen Umgang mit vielfältigen Skalen.

♦ Die "Wunderfrage"

Die "Wunderfrage" in der Lösungsorientierung ermuntert, ohne Begrenzung über die eigenen Wünsche und Ziele nachzudenken und setzt damit das kreative Potenzial der KlientInnen frei.
In diesem Trainingsbuch machen Sie erste Erfahrungen mit einfachen klassischen Wunderfragen und üben sich darin, für Sie selbst und den Rahmen angemessene Formen der Wunderfrage zu entwickeln.

♦ Lösungsorientierte "Experimente"

Häufig endet eine lösungsorientierte Beratung mit kleinen Aufgaben für die KlientIn, die als "Experimente" behutsam Veränderungen anstossen oder Sand in das Getriebe von Teufelskreisen streuen können.
In diesem Trainingsbuch lernen Sie erste Grundregeln für lösungsorientierte Experimente und üben sich darin, anregende Handlungs- und Beobachtungs-Experimente zu entwerfen.

POLITIK UND LÖSUNGSORIENTIERUNG

Der zur Zeit herrschende neoliberale Markt-Fundamentalismus will immer mehr Menschen zwingen, mit immer weniger auszukommen. Lassen Sie sich auf keinen Fall dafür einspannen, mit ressourcen-orientierten Verfahren Menschen zu beschwichtigen und zu überreden, sich mit möglichst wenig zufrieden zu geben. Es ist genug für alle da!

Für mich ist lösungsorientierte Gesprächsführung ein emanzipatorisches Instrument. Ganz im Sinne von Ansätzen wie Empowerment oder Aktionsforschung stärkt es die Selbstwirksamkeits-Überzeugung, den Mut und die Energie der Menschen, mit denen ich spreche.
Meiner Erfahrung nach werden KlientInnen lösungsorientierter Beratung zwar fröhlicher, aber eher unbescheidener.

Ich will es in einer Metapher ausdrücken: Wenn ich mit einem Menschen daran übe, seine Kochkünste zu verbessern, kann dieser Mensch vielleicht demnächst mit nur 5 Kilo Kartoffeln, ein wenig Öl, wenig Gemüse, ein paar Zwiebeln und ein paar Gewürzen aus der Natur für 10 Menschen ein schmackhaftes Mittagessen kochen. Aber mit Sicherheit ist nun auch sein Blick geschärft für die guten Zutaten auf dem nächsten Wochenmarkt.

Menschen brauchen eine materielle und kulturelle Basis-Ausstattung, die ihnen ein Leben in Würde und Freiheit möglich macht. Wer lösungs- und ressourcen-orientierte Ansätze dazu missbrauchen will, Menschen den Mangel schön zu reden, wird scheitern. Um in der Metapher zu bleiben:

Auch der beste Koch wird mit dem Versuch scheitern, einen Menschen zu lehren, mit 50 Gramm Kartoffeln und ein paar Gewürzen satt zu werden.

3. TRAININGSBEGINN, -ENDE UND –BEGLEITUNG

Wird lösungsorientierte Gesprächsführung trainiert, sollte auch die didaktische Form der Philosophie und den Grundsätzen der Lösungsorientierung folgen. Form und Inhalt der Trainings sollten sich stimmig ergänzen.

Bereits das Kennenlernen und die ersten Orientierungen sollten der lösungsorientierten Philosophie folgen, dass unsere TeilnehmerInnen bereits alles mitbringen, das sie für die Entwicklung einer guten Gesprächsführung brauchen, dass sie bereits hilfreiche Erfahrungen gemacht und gute und förderliche Gespräche geführt haben.

Die hier ausgewählten Übungen thematisieren die Ziele der TeilnehmerInnen und arbeiten mit lösungsorientierten Fragen.

LÖSUNGSORIENTIERTE ZWIEBEL (SEMINAREINSTIMMUNG)

Ziel: Aufwärm-Übung, erste Kontakte mit einzelnen unbekannten TeilnehmerInnen, Einstimmung auf lösungsorientierte Fragen
Dauer: 10 - 20 Minuten
Ausstattung: freie Raum-Mitte
TeilnehmerInnen: beliebig viele

Bei der klassischen "Zwiebel" stehen sich in einem Doppelkreis je zwei TeilnehmerInnen gegenüber. Auf ein Startzeichen hin tauschen sich die gegenüberstehenden Personen etwa 1-3 Minuten lang über ein von der Trainerin vorgegebenes Thema aus. Danach bleibt der innere Kreis stehen, während die Personen im äußeren Kreis im Uhrzeigersinn eine Person weiter rücken und mit der neuen Gesprächspartnerin ein neues Thema besprechen.

Bei einem lösungsorientierten Training sind lösungsorientierte Themen eine gute Einstimmung, z.B.:

- "Was war das Interessanteste, das Sie auf dem Weg hierher gesehen haben?"

- "Was ist Ihr liebstes Hobby? Zeigen Sie es durch eine Pantomime und erraten Sie es gegenseitig."

- "Wo wären Sie heute, wenn Sie dieses Training nicht machen würden?"

- "Was haben Sie auf Ihrer Arbeitsstelle richtig gemacht, dass man dort zwei Tage ohne Sie auskommen kann?"

WAS WISSEN WIR SCHON ÜBER LÖSUNGSORIENTIERUNG ?

Ziel: Seminareinstimmung, Einbringen von Vorwissen
Dauer: 10-15 Minuten
Ausstattung: Stuhlkreis
TeilnehmerInnen: bis zu 21

Getreu dem lösungsorientierten Grundsatz, dass KlientInnen viel mitbringen, um ihr Anliegen erfolgreich zu bearbeiten, gehe ich auch im Training davon aus, dass TeilnehmerInnen bereits viel mitbringen. TrainerInnen und TeilnehmerInnen bekommen mit dieser Übung Informationen über den Kenntnisstand der Gruppe.

Nach einer kurzen Vorstellungsrunde gibt die Trainerin einen Rede-Stein rund. Sie erläutert die Spielregel:

„Während unserer Trainings wird öfter ein Redestein rundgehen. Die Regel dazu ist: Wer immer den Redestein hat, darf etwas sagen, aber niemand muss etwas sagen."
Die Übungsanleitung hier lautet:
„In jeder neuen Trainingsgruppe finden sich unterschiedliche Menschen zusammen. Die einen kommen völlig offen und neugierig, während andere schon Lösungsorientiertes gelesen, gehört und erfahren haben. Ich möchte den Redestein rundgehen lassen mit der Frage: Was wissen wir schon über das lösungsorientierte Modell?"

Diese Übung ist eine gute Vorübung für die folgende Kleingruppen-Vorstellung.

VORERFAHRUNGEN UND AUFTRAG KLÄREN

Ziel: Erste Kontakte und Auftragsklärung in neuen Trainingsgruppen
Dauer: 60-80 Minuten
Ausstattung: Moderationskarten, Stifte, eine Moderationswand
TeilnehmerInnen: 9 - 21

Nach einem Zufallsprinzip wird die neue Trainingsgruppe in 3 bis maximal 5 Kleingruppen aufgeteilt, die folgende Aufgaben bearbeiten:

1. Stellen Sie sich in Ihrer Kleingruppe kurz gegenseitig vor und tauschen sich darüber aus, wo Sie bereits heute – vielleicht ohne es ausdrücklich so zu benennen – lösungsorientierte Elemente in Ihrer Arbeit einsetzen.

2. Füllen Sie dann Moderationskarten mit Ihren <u>wichtigsten</u> Antworten auf die Frage:
„Wenn wir am Ende des Trainings zufrieden nach Hause fahren, was ist dann hier geschehen
a) bezüglich des Themas
b) für uns persönlich
c) in der Gruppe?"

3. Stellen Sie im Plenum kurz (nicht vollständig, sondern prägnant!) die Mitglieder Ihrer Kleingruppe und Ihre Wünsche ans Seminar vor. An der Pin-Wand können TrainerInnen und TeilnehmerInnen sie während des Seminars stets vor Augen haben.

Anhand der Wünsche der TeilnehmerInnen ans Seminar und der Vorbereitung der TrainerInnen kann eine Zielvereinbarung für das Trainingsseminar getroffen werden.

WUNDER AUF DER ARBEIT

Ziel: Erste Erfahrungen mit einem vollständigen lösungsorientierten Gespräch
Dauer: je Gespräch 30 Minuten = 3 x 30 Minuten
Ausstattung: günstig sind separate Gesprächsgelegenheiten für die Untergruppen
TeilnehmerInnen: beliebig viele, Zahl idealerweise in 3-er-Gruppen. Wo diese nicht aufgehen, arbeiten die TeilnehmerInnen wahlweise zu zweit (gründliches Vorgehen) oder zu viert (rasches Vorgehen).

Die folgende Übung ist aus Sicht aller Beteiligten eine wunderbare Übung in lösungsorientiertem Erfahrungslernen:
Als Fragende erfahre ich, wie meine GesprächspartnerInnen auf die (ungewohnten) lösungsorientierten Fragen reagieren.
Als Befragte erfahre ich die spezielle Dynamik lösungsorientierter Fragen und erlebe, wie ich meine Erfahrungen neu durcharbeite und akzentuiere.

Mit einem Kunstgriff wird in diesem Gesprächsleitfaden eine kleine lösungsorientierte Beratung ohne Anliegen durchgeführt. Es wird nämlich ein universales Anliegen angenommen, das die meisten Menschen mit ihrer Arbeitsstelle verbinden: Sie möchten sich mit ihrer Arbeit wohlfühlen. Günstig zum Seminareinstieg: Jede Seminarteilnehmerin stellt sich über die speziellen Ressourcen ihrer Arbeit vor.
In neuen Seminargruppen ist diese Übung besonders fruchtbar und nützlich, wenn die Gruppe bereits vorbereitende Übungen zum Reframing gemacht hat (s. nächstes Kapitel). Wo weniger Zeit ist, kann die Übung aber auch ohne solche Vorbereitungen durchgeführt werden.

Und hier die Arbeitsanweisung:

In Ihrer Dreiergruppe steht jeweils eine Person mit ihrem Arbeitsalltag für 30 Minuten im Mittelpunkt. In Zweiergruppen beraten Sie sich abwechselnd und haben länger Zeit für Ihre Gespräche. In Vierergruppen sollten Sie ihre Gespräche auf 20 Minuten pro Person beschränken.

Führen Sie ein erstes lösungsorientiertes Gespräch, indem Sie sich für den Anfang bitte wörtlich an die vorgeschlagenen Formulierungen halten. Wenn Sie selbst befragt werden, geben Sie bitte echte Antworten.
Machen Sie die Erfahrung, wie es ist, zu zweit (bei einigen Gruppen: zu dritt) zu beraten und stellen Sie abwechselnd wörtlich folgende Fragen:

1. "Stellen Sie sich vor, Sie verbringen nach diesem Seminar wie üblich Ihr nächstes Wochenende (Pause), gehen am Sonntagabend schlafen (Pause) und in der Nacht zum Montag geschieht ein Wunder (Pause): Auf ihrer Arbeitsstelle ist alles ganz wunderbar geworden, ganz so, wie sie es sich schon immer gewünscht haben. Sie wissen aber nicht, dass dieses Wunder geschehen ist. Woran merken Sie am nächsten Montag als erstes, dass ein Wunder geschehen ist?"

2. "Wie sieht Ihr Wundertag am Montag weiter aus?"

3. "Wie noch? Woran merken Sie noch, dass ein Wunder geschehen ist?"

4. "Schauen Sie sich jetzt diese Skala an. Wenn 10 für das Wunder steht und 0 für das krasse Gegenteil, die übelste Zeit, die Sie je auf Ihrer Arbeitsstelle hatten, wo zwischen 0 und 10 ordnen Sie sich heute ein?"

0____10

das krasse Gegenteil **das Wunder**

5. "Welche Person (außer Ihnen selbst) hat dazu beigetragen, dass Sie heute auf (x) sind und nicht auf 0?"

6. "Welches besondere Merkmal Ihrer Arbeitsstelle hat dazu beigetragen, dass Sie heute auf (x) sind und nicht auf 0?"

7. „Welche eigene Aktivität hat dazu beigetragen, dass Sie heute auf (x) sind und nicht auf 0?"

Bedanken Sie sich bei Ihrer Kollegin und ziehen Sie sich kurz zurück, um für sie 2 Dinge zu formulieren, die Sie ehrlich beeindruckt haben und Ihnen gefallen. Kommen Sie wieder zusammen und teilen Sie ihr dieses Lob mit!

LÖSUNGSORIENTIERTE SEMINARAUSWERTUNG

Ziel: Abschluss, lösungsorientiertes Resümee, Kurzevaluation des Trainings
Dauer: 60-80 Minuten
Ausstattung: Moderationskarten vom 1. Trainingstag (S. 29)
TeilnehmerInnen: 9 - 21

Zum Abschluss des Seminars werden wieder die Kleingruppen vom Trainingsbeginn gebildet. Sie nehmen die Karten, die sie am ersten Tag aufgehängt haben, wieder an sich und erhalten die folgende Aufgabenstellung:

Tauschen Sie sich in der Kleingruppe zu folgenden Fragen aus:

1. Wovon haben Sie bei diesem Training am meisten profitiert?

2. Welche Anregungen nehmen Sie mit?

3. Wenn Sie auf Ihre Moderationskarten schauen: Was ist aus Ihren Anliegen ans Seminar geworden?

4. Welche Anregungen hat Ihre Gruppe noch?

5. Stellen Sie Ihre Ergebnisse im Plenum kurz und prägnant vor.

Meist beschließen wir diese Übung und das Seminar mit einem letzten Blitzlicht und einem Dankeschön an alle.

4. ÜBUNGEN ZU REFRAMING UND EHRLICHEM LOB

DIE KEHRSEITE DER MÜNZE ☯

Ziel: Übung im Reframing
Dauer: 45 Min.
Ausstattung: Arbeitspapiere oder Flip-Chart
TeilnehmerInnen: beliebig

In Zweier- bis Vierergruppen bearbeiten die TeilnehmerInnen etwa 20 Minuten lang die folgende Arbeitsaufgabe. Die Ergebnisse werden im Plenum gesammelt:

Orientieren Sie sich an folgendem Beispiel:

„Wer **geizig** ist, ist oft auch sparsam, hat für Notzeiten vorgesorgt, liegt seinen Freunden nicht auf der Tasche, hat vielleicht viel zu vererben."

und setzen Sie die folgenden „negativen" Eigenschaften in einen anderen Bezugsrahmen:

faul

unordentlich

kleinlich

gestreßt

neidisch

eifersüchtig

DIE KEHRSEITE DER MÜNZE II ☯

Ziel: Anschluss-Übung im Reframing, Selbsterfahrung
Dauer: 45 Min.
Ausstattung: Arbeitspapiere oder Flip-Chart
TeilnehmerInnen: beliebig

In Zweier- bis Vierergruppen bearbeiten die TeilnehmerInnen etwa 45 Minuten lang die folgende Arbeitsaufgabe:

Stellen Sie in Ihrer Kleingruppe fest, welche Eigenschaft jede/r Einzelne von Ihnen bei anderen Menschen besonders negativ findet.

Notieren Sie sie hier:

____

____

Tauschen Sie sich dann aus:

„Welchen Gewinn haben Menschen wohl von dieser Eigenschaft? Was bekommen solche Menschen leicht? Was gelingt solchen Menschen besonders leicht?"

Unterstützen Sie dann gegenseitig Ideen für jede/n Teilnehmer/in und notieren Sie in Ihren Lern-Tagebüchern:

„Wovon könnte ich ein wenig mehr / etwas weniger tun, welchen ganz kleinen Teil dieses negativen Verhaltens könnte ich übernehmen, um es in Zukunft bei bestimmten Dingen auch etwas leichter zu haben?

NUR EHRLICHE ANERKENNUNG IST LÖSUNGSORIENTIERT

CHECK-LISTE FÜR LÖSUNGSORIENTIERTE ANERKENNUNG

„Lob" und „Komplimente" sind Begriffe aus der lösungsorientierten Praxis-Theorie, die häufig Befremden wecken. Von meinem Kollegen Axel Wrede habe ich gerne den Begriff „Anerkennung" aufgegriffen. Überschwängliche Formulierungen wirken auf die Klientin unecht („...sind wir völlig beeindruckt davon, wie Sie schon..."). Die folgende Check-Liste hat sich in unseren Trainings als hilfreich erwiesen:

1. Ist meine Anerkennung („Kompliment" / „Lob") wirklich echt?

Sind Sie unsicher, lassen Sie es lieber weg!

2. Respektiert meine Anerkennung das Anliegen / Problem der Klientin?

Reden Sie das Problem nicht aus! Fügen Sie zur Sicherheit noch hinzu, wie Sie das Anliegen verstanden haben, z.B. „Sie schaffen viel an einem Tag und wünschen sich jetzt mehr Ruhe."

3. Habe ich karg und einfach formuliert? Habe ich alle negativen und einschränkenden Formulierungen weggestrichen?

Streichen Sie auch „noch", „immerhin", „schon". All dies schränkt Ihre Anerkennung ein. Ein Beispiel: statt „Mir imponiert, wie du bei dieser geringen Bezahlung und dem furchtbaren Chef noch motiviert bist, deine Arbeit zu tun."
günstiger: „Mir scheint, du bist sehr motiviert bei der Arbeit!"

EHRLICHES LOB FORMULIEREN ☯

Ziel: Übung im Formulieren von Anerkennung und Lob
Dauer: 45 Min.
Ausstattung: Arbeitspapiere / Stuhlkreis
TeilnehmerInnen: beliebig

In benachbarten Zweier- oder Dreiergruppen bearbeiten die TeilnehmerInnen etwa 20 Minuten lang die folgende Arbeitsaufgabe. Die Ergebnisse werden im Plenum vorgestellt.

Formulieren Sie für die folgenden Schilderungen ehrliches Lob. Verbinden Sie es mit einer Anerkennung des Anliegens.

Orientieren Sie sich an diesem Beispiel:

"Sie sind ein sehr kontaktfreudiger Mensch und bei Ihren Kollegen beliebt. Jetzt suchen Sie nach einem Weg, längere Zeit konzentriert an einem Projekt zu arbeiten."

☯ EHRLICHE ANERKENNUNG - ARBEITSBLATT

Mein Büro und mein Schreibtisch sind ein einziges Chaos. Überall liegen Stapel mit Blättern herum und ich finde kaum eine freie Arbeitsfläche. Schon dreimal habe ich mit einem neuen Ordnungssystem angefangen, aber habe es höchstens ein paar Wochen durchgehalten. Ich war schon am Wochenende unbezahlt im Büro, um endlich einmal Ordnung zu schaffen. Ich verliere viel zu viel Zeit, wenn ich ständig Dinge suchen muss. Ich bin ganz unglücklich. So kann es nicht weitergehen!

Ich telefoniere einfach zu viel und zu lange. Wenn ich nach Hause komme, nehme ich mir immer wieder schöne und erholsame Dinge vor, verbringe aber einfach zu viel Zeit am Telefon. Kaum saß ich gestern mit einem schönen Roman bei einem Glas Wein, klingelte wieder das Telefon und ich habe dann eine Stunde mit meiner Freundin Gabi telefoniert. Ich habe keine Lust mehr, meine Abende so zu verbringen!

Dauernd komme ich zu spät. Ich habe wirklich viel zu tun und viele Termine zu koordinieren. Aber selbst wenn ich Zeit genug habe, verspäte ich mich. Heute morgen zum Beispiel hatte war ich 10 Minuten zu früh fertig für den Weg zur Arbeit. Da habe ich noch schnell eine Waschmaschine gefüllt und meine mails gesichtet. Prompt war ich wieder zu spät.

ECHTES LOB FÜR MICH

Ziel: Übung im Formulieren von Anerkennung und Lob, Erfahrung neuer Sichtweisen für eigene Veränderungs-Anliegen

Dauer: 60 Min.

Ausstattung: Arbeitspapiere

TeilnehmerInnen: beliebig

Zu Beginn füllt jede Teilnehmerin in Einzelarbeit anonym das Arbeitsblatt auf der nächsten Seite aus (ca. 10 Minuten) und legt ihr Blatt mit der beschriebenen Seite nach unten auf einen Stapel bei der Trainerin.

Danach tun sich Paare (oder Dreiergruppen) zusammen, die sich aus dem Stapel zwei (drei) Arbeitsblätter fischen (zurücklegen oder tauschen, wenn ein eigenes Blatt dabei ist!) und sie bearbeiten.

Die fertig bearbeiteten Arbeitsblätter werden wieder bei der Trainerin abgegeben und werden dort von den VerfasserInnen abgeholt und still gelesen. Sie sind mit den Namen der BearbeiterInnen gekennzeichnet, so dass in der praktischerweise folgenden Pause ein Austausch dazu stattfinden kann, aber nicht muss.

Beschreiben Sie kurz einen Bereich, in dem Sie mit sich selbst momentan nicht sehr zufrieden sind und den Sie gerne bei sich ändern möchten. Es kann ein größeres Anliegen, aber auch eine Kleinigkeit sein. Schreiben Sie anonym in der Ich-Form mindestens 2-3 Sätze dazu.

____

____

____

____

____

____

____

Ziehen Sie in einer Kleingruppe (2-3 Personen) die gleiche Anzahl von ausgefüllten Blättern und formulieren Sie eine Rückmeldung, die folgende Elemente enthalten soll:

A. echtes Lob, karg formuliert und ohne Einschränkungen
B. die Anerkennung des Anliegens

Beispiel: „Du bist ein Mensch, der sich gerne mit schönen und wertvollen Dingen umgibt. Jetzt überlegst du, wie du dein Konto ins Plus bringen kannst."

____

____

____

____

____

____

Rückmeldung verfasst von ______________ und ______________ .

FORMULIEREN POSITIVER ZIELE UND ERSTER SCHRITTE

Ziel: Übung im Formulieren positiver Ziele
Dauer: 30 Min.
Ausstattung: Arbeitspapiere
TeilnehmerInnen: beliebig

Jeder Mensch kann für sich positiv („davon mehr") und negativ („davon weniger") formulierte Ziele nennen. Notieren Sie zwei Ihrer **negativ formulierten** Ziele.
Wovon möchten Sie in Zukunft weniger tun? Was möchten Sie in Zukunft **nicht** mehr tun? Was soll in Zukunft **nicht** mehr so sein ?

1.____

____

2.____

____

Was möchten Sie statt dessen tun? Wovon möchten Sie mehr? Was soll in Zukunft wie sein? Formulieren Sie die beiden oben stehenden Ziele in entsprechende **positive** Ziele um und nennen Sie erste Schritte auf dem Weg zu diesem Ziel:

1.____

Ein erster Schritt dazu:

____

2.____

Ein erster Schritt dazu:

____

SPAZIERGANG MIT ZIEL

Ziel: Übung im Formulieren positiver Ziele, persönliches Arbeitthema für einen Trainingsblock finden
Dauer: 30 Min.
Ausstattung: Moderationskarten
TeilnehmerInnen: Anzahl beliebig

Während des lösungsorientierten Trainings ist es hilfreich, selbst an einem eigenen Anliegen zu arbeiten und damit verschiedene Beratungs-Stile aus Klientinnensicht kennen zu lernen. In dieser Übung, die Anregungen von SCHULZ VON THUN aufgreift, werden dazu Ziele für den aktuellen Trainingsblock formuliert.

Tun Sie sich zu 2 Personen (ggf. 3) zusammen und gehen Sie gemeinsam einen Spazierweg von 30 Minuten. Nehmen Sie Moderationskarten und Stifte mit. Auf dem Hinweg steht die erste, auf dem Rückweg die zweite Person im Mittelpunkt zum Thema:

1. An welchem Anliegen möchte ich während dieses Blocks gerne arbeiten?

2. Wie kann ich dieses Thema in einem positiven Satz formulieren, der beginnt mit: „Ich möchte (...) besser ...." Notieren Sie Ihr Anliegen in einem kurzen Satz auf einer Moderations-Karte.

3. Die GesprächspartnerIn hilft, Klarheit in die Gedanken zu bringen und das Ziel positiv zu formulieren.

4. Nach 15 Minuten (bei 3 PartnerInnen nach 10 Minuten) wechseln die GesprächspartnerInnen.

5. LÖSUNGSORIENTIERTE FRAGEN FORMULIEREN

LÖSUNGSORIENTIERTE FRAGEN BAUEN

Offene Fragen mit Orientierung an Kompetenzen und Ressourcen sind das wichtigste Werkzeug des lösungsorientierten Ansatzes.

Unterschiedliche Frageformen führen zu unterschiedlichen Gesprächs-Verläufen:

GESCHLOSSENE FRAGEN :

- sind Fragen, die als Antwort ein ja/nein hervorrufen,
- sind typisch für das "Arztmodell" sozialer Arbeit ("Haben Sie auch Halsschmerzen?" "Sieht die Schule auch diese Probleme?"),
- lassen die Hauptredezeit bei der Expertin,
- sind schnell zu beantworten und ...

Die Expertin arbeitet mit sehr viel Energie, die Klientin wartet das Ergebnis ab.

OFFENE FRAGEN :

- sind Fragen, die eine längere oder kürzere Information hervorrufen,
- sind, wenn sie kurze Informationen hervorrufen, auch typisch für das "Arztmodell" sozialer Arbeit ("Wann treten die Schmerzen auf?" "Was sagt die Lehrerin dazu?"),
- geben der Klientin etwas mehr Redezeit,
- brauchen mehr Zeit zur Beantwortung, kurz:

- **Die Expertin arbeitet mit viel Energie, die Klientin muss Informationen abrufen.**

OFFENE KOMPETENZ - UND RESSOURCEN-ORIENTIERTE FRAGEN :

- sind Fragen, die der Klientin Kompetenzen und Ressourcen unterstellen und eine lange prozessorientierte Antwort hervorrufen, die durch Nachfragen ("Wie noch...?" "Was noch...?") noch erweitert werden können,
- sind typisch für die lösungsorientierte Gesprächsführung,
- geben die Hauptredezeit der Klientin,
- brauchen viel Zeit und Energie zur Beantwortung. Das heißt:

- **Die Expertin arbeitet aufmerksam, aber mit wenig Energie, die Klientin leistet "Schwerarbeit", da sie neue Interpretationen und Deutungen schafft.**

Es gilt: Je länger die Klientin zur Beantwortung der Fragen braucht, um so besser: es werden wirklich neue Bedeutungen produziert.

Lesen Sie die dazu die Beispiele auf der nächsten Seite:

GESCHLOSSENE FRAGE	OFFENE FRAGE	**RESSOURCEN-/ KOMPETENZ-ORIENTIERTE OFFENE FRAGE**
"Kommen Sie mit der neuen Familienhelferin zurecht?"	"Wie kommen Sie mit der neuen Familienhelferin zurecht?"	**"Was klappt schon gut mit der neuen Familienhelferin?"**
"Müssen Sie mit dieser Situation alleine klarkommen? "	"Wie werden Sie mit dieser Situation klarkommen?"	**„Wer könnte Ihnen in dieser Situation helfen?"**
"Verstehen Sie sich im Urlaub besser?"	"Wie verstehen Sie sich im Urlaub?"	**"Wann war Ihr letzter schöner gemeinsamer Urlaub?" und „Was war da anders als im Alltag?"**
"Wollen Sie mit unserer Beratungsstelle zusammenarbeiten?"	"Wie soll eine Zusammenarbeit mit unserer Beratungsstelle aussehen?"	**"Was macht Sie zuversichtlich, dass eine Zusammenarbeit mit unserer Beratungsstelle gerade jetzt hilfreich sein kann ?"**
"Kommst du mit dieser schwierigen Familie klar?"	"Wie kommst du mit dieser schwierigen Familie klar?"	**"Viele KollegInnen finden diese Familie schwierig. Wie schaffst du es, dort gut voranzukommen?"**

LÖSUNGSORIENTIERTE FRAGEN BAUEN I

Ziel: Routine im Formulieren lösungsorientierter Fragen gewinnen
Dauer: 40 Min.
Ausstattung: Arbeitsblatt
TeilnehmerInnen: Anzahl beliebig

Verwandeln Sie in Zweier- oder Dreiergruppen die folgenden geschlossenen Fragen in (möglicherweise passende) offene kompetenz- und ressourcenorientierte Fragen:

- War dieses Thema interessant für Euch?
- War der Urlaub gut?
- Sind Sie mit Ihrer neuen Wohnung zufrieden?
- Haben Sie schon einmal ähnliche Schwierigkeiten gehabt?
- Wollen Sie nicht mit Ihrem Mann darüber sprechen?
- Helfen Ihnen die Kolleginnen bei der Einarbeitung?
- Sind Sie zufrieden mit unserer bisherigen Zusammenarbeit?

Wenn Sie fertig sind, formulieren Sie eigene geschlossene Fragen und verwandelt sie in lösungsorientierte Fragen.

Stellen Sie einige Beispiele im Plenum vor!

LÖSUNGSORIENTIERTE FRAGEN BAUEN II

Ziel: Routine im Formulieren lösungsorientierter Fragen gewinnen

Dauer: 30-45 Minuten je nach Routine der TeilnehmerInnen

Ausstattung: Arbeitsblatt

TeilnehmerInnen: Anzahl beliebig

Wichtig: Die folgende Übung ist eine reine Trockenübung. Sie berücksichtigt in keiner Weise Kontext, Stil, Auftrag und Ziele der KlientInnen. Sie soll nicht zu mechanistischer Gesprächsführung anleiten, sondern lediglich Ihre Formulierungsfertigkeiten stärken!

Formulieren Sie in Zweier- oder Dreiergruppen (möglicherweise passende) lösungsorientierte, d.h. offene kompetenz- und ressourcenorientierte Fragen für die folgenden Situationen:

- Ihre Klientin fürchtet Streit und Stress zum jährlichen Familien-Weihnachtsfest.
- Nach einem Streit hat sich Ihr Klient von seiner Freundin getrennt und bereut es jetzt.
- Sie leiten eine Team-Sitzung mit dem Thema: Resümée unseres letzten Projektes.
- Sie haben eine neue Mitarbeiterin. Sie besprechen mit ihr die erste Woche auf ihrer Arbeitsstelle.

Wenn Sie fertig sind, formulieren Sie lösungsorientierte Fragen für eine Arbeitssituation aus Ihrer Kleingruppe.

LÖSUNGSORIENTIERTE FRAGEN BAUEN III

Ziel: Routine im Formulieren lösungsorientierter Fragen gewinnen
Dauer: 60 Min.
Ausstattung: Arbeitsblatt
TeilnehmerInnen: Anzahl beliebig

Beschreiben Sie kurz (in 2-3 Sätzen) eine alltägliche, nicht sonderlich problematische Arbeitssituation. Bei Interesse können Sie auch eine private Situation wählen. Geben Sie dann das Blatt verdeckt bei der Trainerin ab. Holen Sie es nach der Übung wieder ab und lesen die Anregungen, die Sie erhalten haben!

____

____

____

____

____

Ziehen Sie in einer Kleingruppe (2-3 Personen) die gleiche Anzahl von ausgefüllten Blättern (eigene Blätter bitte zurückgeben oder tauschen!) und formulieren für die dort von Ihrer Kollegin beschriebene Situation lösungsorientierte Fragen, die vielleicht passen:

____

____

____

____

____

____

Fragen verfasst von ____________ und ____________ .

LÖSUNGSORIENTIERTE FRAGEN FÜR SCHWIERIGE SITUATIONEN TEIL 1

Ziel: Routine im Formulieren lösungsorientierter Fragen gewinnen, kollegiale Unterstützung für schwierige Arbeitssituationen gewinnen
Dauer: bis zu 120 Min. einschließlich einer Pause nach Teil 1
Ausstattung: Arbeitsblatt
TeilnehmerInnen: Anzahl beliebig

Beschreiben Sie eine Arbeitssituation, die im Moment unbefriedigend oder schwierig ist. Bei Interesse können Sie auch eine private schwierige Situation wählen. Nehmen Sie sich Zeit und beschreiben Sie alle Aspekte, die Ihnen wichtig sind. Geben Sie dann das Blatt verdeckt bei der Trainerin ab. Holen Sie es später für den 2. Teil der Übung wieder ab und beantworten Sie die Fragen, die Sie erhalten haben!

LÖSUNGSORIENTIERTE FRAGEN FÜR SCHWIERIGE SITUATIONEN TEIL 2

Bilden Sie nun Kleingruppen (2-3 Personen) und bearbeiten die gleiche Anzahl von ausgefüllten Blättern (eigene Blätter bitte zurückgeben oder tauschen!). Formulieren Sie gemeinsam lösungsorientierte Fragen, deren Beantwortung der Kollegin vielleicht eine erweiterte Sicht auf die Dinge geben kann. Lassen Sie nach den Fragen Raum für Antworten:

Fragen verfasst von ____________ und ____________ .

LÖSUNGSORIENTIERTE FRAGEN ZUR VERGANGENHEIT ODER: ES IST NIE ZU SPÄT, EINE GLÜCKLICHE KINDHEIT ZU HABEN

Ziel: Belebung und Stärkung guter Kindheitserlebnisse (s.a. S.86)
Dauer: 100 Minuten (3 x 30 Min. Gespräch plus 2 kleine Pausen)
Ausstattung: Arbeitsblatt als Gesprächshilfe
TeilnehmerInnen: Anzahl beliebig, gegenseitiges Vertrauen sollte vorhanden sein.

Führen Sie zu dritt folgende Übung durch: Abwechselnd steht eine Person für max. 30 Minuten im Mittelpunkt, eine zweite Teilnehmerin führt das Gespräch und eine dritte Teilnehmerin beobachtet.
Sie führen ein Gespräch von etwa 15-20 Minuten (Beobachterin als Zeitnehmerin!), in dem Sie zu Übungszwecken dem folgenden Leitfaden folgen. Die Beobachterin beobachtet und notiert, bei welchen Fragen sich Mimik und/oder Körperhaltung der Befragten entspannt oder aufheitert. Besprechen Sie dann gemeinsam das Gespräch unter Einbeziehung der Notizen der Beobachterin.

<u>Leitfaden:</u>

- Welche Tiere mochtest du als Kind? Was gefiel dir an ihnen?
- Was war die schönste Reise, die du als Kind gemacht hast? Erzähle mehr davon.
- Welche Hobbies hattest du als Kind? Erzähle mehr davon.
- Was davon hat sich bis heute durchgezogen?
- Womit konntest du dich als Kind gut alleine beschäftigen?
- Wer waren deine besten Freunde? Was hast du von ihnen gelernt?

6. SKALIERUNGEN

BLITZLICHT MIT SKALEN

Ziel: Routine im Umgang mit Skalen gewinnen, Lernprozesse begleiten
Dauer: ohne Diskussion 5 Minuten
Ausstattung: freier Platz in der Raum-Mitte bzw. auf einem Flur
TeilnehmerInnen: Anzahl beliebig

Ein Blitzlicht ist eine wunderbare Möglichkeit, Momentaufnahmen vom Lernprozess in der Gruppe und beim Einzelnen zu machen.
Während einzelne TeilnehmerInnen bei der klassischen Blitzlicht-Runde ihre individuelle Sicht darlegen können, bietet sich da, wo der Gruppen-Lernprozeß mehr im Mittelpunkt steht, die Arbeit mit Skalen als zeitsparendes und prägnantes Mittel an.

Gezeigt oder gekennzeichnet wird auf dem Boden des Seminarraumes (evtl. durch Krepp-Band) , wo jeweils die 0 und die 10 der Skalen liegen. Die Gruppe wird jeweils gebeten, sich in Beantwortung der gestellten Skalierungs-Frage auf der Linie aufzustellen.
Ein Skalierungs-Blitzlicht kann durch die TrainerInnen und durch jedes Mitglied der Lerngruppe angeregt werden. 3 Beispiele:

„Heute Nachmittag haben Sie eine Übung zu Ressourcen in der Biografie gemacht. Wie förderlich fanden Sie diese Übung? Stellen Sie sich bitte auf unserer Raumskala so auf, dass die 10 bedeutet: sehr förderlich und die 0 = in keiner Weise förderlich."

„Stellen Sie sich bitte auf unsere Raumskala, auf der die 10 dafür steht: Ich brauche jetzt sofort eine Pause und die 0 dafür steht: Ich kann sehr gut noch weiter arbeiten."

„Stellen Sie sich bitte auf unsere Raumskala, auf der die 10 dafür steht: Ich arbeite sehr häufig mit Gruppen, und die 0 dafür steht: Ich arbeite nie mit Gruppen."

ES GIBT IMMER MEHR ALS ZWEI MÖGLICHKEITEN

Ein Beratungsauftrag: „Helfen Sie mir, mich zwischen zwei Möglichkeiten zu entscheiden." stellt sich häufig als Sackgasse heraus. In der Regel haben Menschen mehr als zwei Alternativen. Eine dritte Möglichkeit ist zum Beispiel, jetzt noch nicht zu entscheiden. Durch „Ja,aber..."-Einwände zeigt die Klientin, dass hier eher eine Lösung zweiter Ordnung, weg von der Schein-Alternative, angebracht sind. Klassische lösungsorientierte Gesprächs-Settings mit Wunderfrage bringen in solchen Fällen wenig, während der folgende Gesprächsbaustein mit Skalierungen in mehrfacher Hinsicht hilfreich ist:

- Die Klientin beschäftigt sich mit einer Vielzahl möglicher Lösungen, die durch die Skalierung in verschiedene Abstufungen gebracht werden.

- Die Nennung sehr unkonventioneller Möglichkeiten bringt Humor und Freiheitsgedanken in die Beratung.

- Die Klientin wird in dieser Gesprächspassage recht direktiv angeleitet, ausschließlich zu skalieren und keine weiteren Kommentare zu machen. Dies unterbricht „Ja,aber.."-Spiele.

- Die Beraterin hat Raum, ihre eigenen Ideen und Lösungsvorschläge (die wir sonst eher für uns behalten!) einzubringen. Durch das spezielle Arrangement dieses Bausteine erlebt sie, was ihre Ideen auslösen und wie so manche ihrer „guten" Ideen alsbald scheitert.

Zur Aufweichung der Alternativen-Logik empfiehlt es sich, Versatzstücke von Alternative A mit Versatzstücken von Alternative B wild zu kombinieren, wodurch teils realistische, teils groteske, aber insgesamt befreiende Möglichkeiten erscheinen.

z.B. stand eine Klientin vor der Alternative:
Ich bleibe in unserer Wohnung in Köln und kämpfe für unsere Beziehung oder ich ziehe nach Bonn und suche mir dort einen neuen Freund.

1. Variation: Ich suche mit meinem alten Freund eine Wohnung in Bonn und kämpfe dort für die Beziehung.
2. Variation: Ich lasse mich für ein Jahr beurlauben, jobbe in einem Urlaubsland meiner Wahl und mache dort interessante Erfahrungen.
3. Variation: Ich kämpfe an 6 Tagen in der Woche in Köln um die Beziehung und verbringe einen 7. Abend ungebunden in Bonn.
Usw.

MEHR ALS 2 MÖGLICHKEITEN - ÜBUNGSANLEITUNG

Üben Sie in Gruppen von 3 bis zu 10 Personen, wobei alle ihre Einfälle beisteuern können!

Klientin: Schildern Sie, wo in Ihrem Alltag Sie sich gerade zwischen 2 Alternativen entscheiden müssen.
BeraterInnen: Nennen Sie abwechselnd mindestens 4 weitere Möglichkeiten, die ruhig lustig und ein wenig grotesk sein dürfen.
Die einzige Bedingung: Bei einem unbedingten Entschluss müssen sie von der Klientin auch zu verwirklichen sein (Beispiel: ein Jahr im Ausland)!

Nach jeder einzelnen geschilderten Möglichkeit bitten Sie die Klientin, diese Möglichkeit spontan auf der untenstehenden Skala zu bewerten. Weitergehende Kommentare soll die Klientin jedoch nicht machen. Sie kann aber gerne eigene Einfälle für weitere Möglichkeiten nennen und skalieren.

0	**10**
Ganz furchtbar, mache ich auf keinen Fall	**Ganz wunderbar, sehr gute Idee**

7. DIE WUNDERFRAGE

NEUE WUNDER

Ziel: Die Wunderfrage in den eigenen Arbeitskontext einbetten
Dauer: 30 Minuten Arbeitszeit, evtl. noch Plenum (15 Min.)
Ausstattung: Arbeitsblatt
TeilnehmerInnen: Anzahl beliebig

Die klassische Wunderfrage entfaltet ein großartiges Gesprächs-Potential. Viele TeilnehmerInnen haben jedoch Bedenken, sie in dieser Form bei ihren KlientInnen einzusetzen. Sie kommen besser zurecht mit abgewandelten Formulierungen wie:
„Nehmen wir an, unsere Beratung hier ist erfolgreich. Was ist dann in einem Jahr anders?"

Tun Sie sich in einer Dreiergruppe zusammen und wenden Sie gemeinsam für den Arbeitsbereich jedes/r Einzelnen 10 Minuten auf und erarbeiten Sie gemeinsam eine neue Variante der Wunderfrage speziell für diesen Arbeitsbereich. Notieren Sie diese Variante und probieren sie bis zum nächsten Treffen aus.

Meine Variante zur Wunderfrage:

____

____

____

____

____

____

____

Machen Sie bereits heute aus, wie Sie sich gegenseitig vom Ergebnis berichten.

8. AUFGABEN UND EXPERIMENTE GESTALTEN

CHECK- LISTE FÜR AUFGABEN

Wunderbar, wenn Ihnen schöne Aufgaben und Experimente für Ihre KlientInnen eingefallen sind. Überprüfen Sie sie gemeinsam mit Ihren Mit-BeraterInnen anhand der folgenden Check-Liste:

1. IST EINE AUFGABE WIRKLICH NÖTIG?

Unternimmt die Klientin schon genug eigene Anstrengungen, so dass ein „Machen Sie genauso weiter!" reicht?

Ist die Klientin in der Klagenden-Situation, unschlüssig oder zaghaft? Dann ist eine Standard-Beobachtungsaufgabe besser: „Beobachten Sie bis zum nächsten Mal alles bei (Bereich des Anliegens), das Ihnen so gut gefällt, dass Sie es öfter haben wollen und berichten Sie mir dann davon."

2. KANN ICH DIE AUFGABE LEICHTER , KLEINER UND SELTENER STELLEN?

Große Probleme brauchen keine großen Lösungen. Oft reichen kleine Veränderungen aus. Falls Ihrer Klientin die Aufgabe zu klein und zu leicht ist, wird sie von selbst mehr machen!

Ein Beispiel:
Statt: „Gehen Sie ab morgen jeden Tag nach der Arbeit 45 Minuten joggen."
Ist günstiger: „Wir haben ein kleines Experiment für Sie, dass nützlich sein könnte: Würfeln Sie einen Tag in der nächsten Woche aus (die 1 steht für Montag, die 9 für Samstag) und an diesem Tag ziehen Sie, wenn Sie nach Hause kommen, ihre Sportschuhe und die Sportkleidung an und beobachten Sie, was passiert."

4. KANN ICH DIE AUFGABE NOCH MEHR AN STIL UND BEREITS ERFOLGREICHE HANDLUNGEN DER KLIENTIN ANPASSEN?

Bedenken Sie noch einmal: Was war bisher hilfreich und erfolgreich. Habe ich das berücksichtigt?
Bedenken Sie auch: Was hat auch bisher nicht geholfen? Habe ich solche Lösungen („mehr desselben") vermieden?

5. HABE ICH DIE AUFGABE ALS „EXPERIMENT FÜR SIE, DAS VIELLEICHT NÜTZLICH SEIN KÖNNTE" FORMULIERT ?

Nur die Klientin und das Leben werden darüber entscheiden, ob eine Aufgabe hilfreich war. Betonen Sie die Haltung des Nicht-Wissens und sichern Sie sich eine gute Beziehung zur Klientin, indem Sie in guter lösungsorientierter Tradition Ihre Aufgabe einleiten mit:

„Wir haben ein kleines Experiment für Sie, das vielleicht nützlich sein könnte..."

AUFGABEN KONSTRUIEREN

Ziel: Erfahrungen mit einem streng strukturierten Leitfaden (wenn,dann...) machen
Dauer: 45 Minuten Beratungszeit, 15 Minuten Nachbesprechung
Ausstattung: Arbeitsblatt
TeilnehmerInnen: in Dreiergruppen, ggf. mit einem Beobachter

In der Geschichte des lösungsorientierten Ansatzes spielen streng strukturierte Leitfäden eine besondere Rolle. Zu finden sind sie vor allem in de Shazers Standardwerk „Der Dreh", aus dem ich die untenstehenden Fragen übernommen habe. Machen Sie in mindestens 2 Beratungsgesprächen die Erfahrung, wie es ist, nach einem solchen strukturierten Modell zu arbeiten und entscheiden Sie dann, was Sie gerne davon übernehmen möchten.

Beraten Sie gemeinsam eine Kollegin. Stellen Sie gleich zu Beginn fest, ob es Ausnahmen von der Beschwerde gibt (z.B. „Wann zuletzt war es besser?").
Wenn es solche Ausnahmen gibt, beraten Sie weiter nach Modell A.
Wenn es keine Ausnahmen gibt, beraten Sie weiter nach Modell B.

A. Es gibt Ausnahmen zur Beschwerde:

1. Lassen Sie sich die Ausnahme in Einzelheiten beschreiben.

2. Was ist anders, wenn die Ausnahme vorkommt?

3. Wie reagieren Menschen aus der Umgebung, wenn die Ausnahme vorkommt?

4. Finden Sie heraus, was funktioniert oder

5. was funktioniert hat oder

6. was funktionieren könnte.

7. Verschreiben Sie das Leichteste.

8. Treten die Ausnahmen zufällig aus, bauen Sie einen Zufallsfaktor in die Aufgabe ein.

B. Es gibt keine Ausnahmen zur Beschwerde:

1. Stellen Sie die Wunderfrage.
2. Was ist anders, wenn das Wunder geschehen ist?
3. Wie reagieren Menschen aus der Umgebung, wenn das Wunder geschehen ist?
4. Erfragen Sie im Detail: Wann (wie) zuletzt sind winzige Teile des Wunders geschehen?
5. Stellen Sie sich eine mögliche Lösungsversion vor, bei der
6. sich der Ort des Beschwerdemusters verändert
7. die Reihenfolge des Beschwerdemusters verändert,
8. die Dauer des Beschwerdemusters verändert,
9. zufällig Anfang und Ende des Beschwerdemusters herbeigeführt wird oder
10. dem Beschwerdemuster ein neues Element oder ein neuer Schritt hinzugefügt wird.

9. ZIRKULÄRE FRAGEN

ZIRKULÄRE FRAGEN EINÜBEN I

Ziel: Erfahrungen mit zirkulären Fragen machen
Dauer: bis zu 45 Minuten Beratungszeit, 15 Minuten Nachbesprechung = insgesamt 60 Minuten
Ausstattung: Arbeitsblatt
TeilnehmerInnen: in Vierer-Gruppen: 2 BeraterInnen, 1 Klientin, 1 Beobachterin

Die beiden BeraterInnen teilen sich die Rollen für die kommende Beratung. Beraterin A beginnt mit dem Gespräch und führt es 10 Minuten lang in freier Form. Die Beobachterin gibt nach 10 Minuten ein Zeichen zum Wechsel. Beraterin B führt das Gespräch 10 Minuten weiter, indem sie ausschließlich zirkuläre Fragen stellt. In der Pause beraten sich alle drei und geben gemeinsam eine Rückmeldung. Hier Anregungen für erste Versuche mit zirkulären Fragen:

ZIRKULÄRE ÜBUNGS-FRAGEN:

- Wer kennt Sie gut ?
- Was würde X. sagen, dass für Sie anders ist, wenn das Problem nicht mehr besteht?
- Was würde X. sagen, zu welchen Zeiten das Problem weniger da ist?
- Was würde X. sagen, was schon geholfen hat?
- Nehmen wir an, X. wäre jetzt hier und ich könnte sie/ihn fragen, was der nächste Schritt wäre, was würde sie/er dann sagen?
- Was würde X. sagen, wovon Sie weniger tun sollten? (Und was meinen Sie selbst dazu?)
- Was würde X. sagen, wovon Sie mehr tun sollten? (Und was meinen Sie selbst dazu?)
- Wie würde auch X. von einer guten Entwicklung Ihres Anliegens profitieren?

ZIRKULÄRE FRAGEN MIT SKALIERUNGEN VERBINDEN

Ziel: Erfahrungen mit komplexen Frageformen machen
Dauer: Zweimal 10 Minuten Beratungszeit, mit Vorbereitung (Themenauswahl) 30 Minuten
Ausstattung: Arbeitsblatt
TeilnehmerInnen: zu zweit, gerne im Großgruppenraum

Tun Sie sich zu zweit zusammen (z.B. mit Ihrer Nachbarin) und suchen Sie jede(r) ein kleines eigenes Alltagsanliegen aus (Steuer pünktlich machen, mehr Sport treiben..). Stellen Sie sich dann gegenseitig (Wechsel nach 10 Minuten) folgende zirkuläre Fragen mit Skalierungen und besprechen danach Ihre Erfahrungen.

ZIRKULÄRE ÜBUNGS-FRAGEN MIT SKALIERUNG:

- Wenn 10 im Hinblick auf Ihr Anliegen dafür steht: „Ganz wunderbar, besser geht's nicht" und 0 für das krasse Gegenteil, die schlimmste Zeit mit Ihrem Anliegen, wo ordnen Sie sich heute ein?
- Wenn Sie jetzt an einen guten Freund oder eine vertraute Freundin denken, was würde X. sagen, wo Sie auf dieser Skala stehen?
- (falls X. günstiger einschätzt) : Was sieht X., das Sie im Moment nicht sehen?
- (falls X. ungünstiger einschätzt) : Was sehen Sie, das X. im Moment nicht sieht?
- (falls X. gleich einschätzt): Wie kommt es, dass X. Sie so gut kennt?
- Welchen Wert auf der Skala würde X. für ausreichend halten?
- Nehmen wir an, X. wäre jetzt hier und ich könnte sie/ihn fragen, was Sie auf der Skala einen Schritt höher bringen würde, was würde sie/er dann sagen?

ZIRKULÄRE FRAGEN EINÜBEN II

Ziel: Erfahrungen mit selbst konstruierten zirkulären Fragen machen
Dauer: 15 Minuten Vorbesprechung, 30 Minuten Beratungszeit, 15 Minuten Nachbesprechung = insgesamt 60 Minuten
Ausstattung: Arbeitsblatt mit Notizen
TeilnehmerInnen: in Dreier-Gruppen: 2 BeraterInnen, 1 Klientin

Bitten Sie eine Kollegin zur Beratung, die in diesem Block bereits einmal beraten wurde und noch weiter an ihrem Thema arbeiten möchte. Diese Kollegin hat zunächst 15 Minuten Pause (Gelegenheit zur Fachlektüre, einem Spaziergang...), während die beiden BeraterInnen ein Übungs-Set von bunten zirkulären Fragen erstellen und auf diesem Arbeitsblatt notieren. Das anschliessende Beratungsgespräch von ca. 20 Minuten sollte ausschließlich durch Ihre zirkulären Fragen geführt werden.
Stellen Sie abwechselnd Ihre zirkuläre Fragen, und zwar jeweils mit der Nachfrage: „Und was meinen Sie dazu?"

1. zirkuläre Frage:

____

„Und was meinen Sie selbst dazu?"

2. zirkuläre Frage:

____

„Und was meinen Sie selbst dazu?"

3. zirkuläre Frage:

____

„Und was meinen Sie selbst dazu?"

4. zirkuläre Frage:

____

„Und was meinen Sie selbst dazu?"

5. zirkuläre Frage:

____

„Und was meinen Sie selbst dazu?"

10. KOMPLEXE GESPRÄCHS-SITUATIONEN STRUKTURIERT ÜBEN

EIN STRUKTURIERTES KOLLEGIALES BERATUNGSGESPRÄCH

Ziel: Erfahrungen mit strukturierter lösungsorientierter Gesprächsführung sammeln
Dauer: 3 x 30 Minuten Beratungszeit = insgesamt 90 Minuten
Ausstattung: Arbeitsblatt
TeilnehmerInnen: in Dreier-Gruppen: 2 BeraterInnen, 1 Klientin

Das nachfolgende strukturierte Gespräch stellt eine von Tausenden von Möglichkeiten dar, ein lösungsorientiertes Gespräch zu führen. Wir haben damit bereits am 2. Trainingstag eines Einführungsblocks sehr gute Erfahrungen gemacht. Wichtig sind vor allem für Neulinge in der lösungsorientierten Gesprächsführung folgende Regeln:

- Lesen Sie die Fragen wörtlich ab. Sie sind in spezieller Weise konstruiert und sollten für den Anfang nicht verändert werden.
- Die beiden BeraterInnen wechseln sich so ab, dass Beraterin A Frage 1, Beraterin B Frage 2, Beraterin A Frage 3 usw. stellt. Eine solche klare Einteilung hilft Missverständnisse beim gemeinsamen Beraten vermeiden.

Nach der Beratung ziehen sich die BeraterInnen zurück und beraten, welche echte Anerkennung („echtes Lob") sie der Klientin zurückmelden können und welche Anregungen oder Experimente sie ggf. haben.

In der zweiten und dritten Beratung wechseln die Rollen, so dass alle Beteiligten einmal selbst beraten werden und die Fragen auch der Sicht der Klientin erleben.
In Trainings hat es sich als günstig erwiesen, nach der ersten Beratungsrunde kurz eine Trainerin hinzuzubitten, um eine erste Rückmeldung zu geben.

EIN STRUKTURIERTES KOLLEGIALES BERATUNGSGESPRÄCH - ARBEITSBLATT

✪Trainingsgruppe : 1 Kollegin mit einem Anliegen
2 Beraterinnen, die abwechselnd beraten

1. Anliegen ✡

Die Kollegin schildert kurz ihr Anliegen.

2. Problembeschreibung ✡

„Was befürchtest du für den Fall, dass sich nichts verändert?"

3. Auftrag für die heutige Sitzung ✡

„Was kann heute in diesem Gespräch geschehen, dass du dir heute Abend sagst: ‚Wie gut, dass ich dieses Thema angesprochen habe.'?"

3. Wunderfrage ☪

„ Stell dir vor: Nach diesem Seminar fährst du nach Hause, machst das Übliche, legst dich abends ins Bett und schläfst ein. Und über Nacht, während du schläfst, geschieht ein Wunder und das Problem, das du uns geschildert hast, hat sich aufgelöst, einfach so! Woran wirst du nach dem Aufwachen als erstes bemerken, das wohl ein Wunder geschehen ist?"

„Und wie sieht dein Wundertag weiter aus?"

„Und was ist noch anders am Wundertag?"

4. Skalierung 1 : ☯

„Wenn 10 für das Wunder steht und 0 für das krasse Gegenteil: die schlimmste Zeit, die du je hattest: Wo zwischen 0 und 10 befindest du dich heute?"

5. Skalierung 2 : ☯

„Wenn 10 für das Wunder steht und 0 für das krasse Gegenteil: Mit wie viel wirst du zufrieden sein?"
„Und woran wirst du erkennen, dass du diesen Wunschwert erreicht hast?"

6. Skalierung 3 : ☯

„Was wirst du tun, um den heutigen Stand von (...) auf der Wunderskala zu halten?"

7. Skalierung 4: ☯

„Was ist dein nächster kleiner Schritt?"

„Wie wirst du erkennen, dass die richtige Zeit für diesen nächsten kleinen Schritt gekommen ist?"

JETZT FOLGT DIE BERATUNGS-PAUSE

8. „Echtes Lob" ☺

Gestalten Sie Ihre Rückmeldung möglichst schriftlich in 3 Schritten:

1. Überlegen Sie für Ihre Kollegin 2 Dinge, die Sie ehrlich anerkennen können.

2. Fassen Sie noch einmal das Anliegen der Kollegin zusammen: Was wünscht sie sich? Wovon möchte sie mehr?

3. Formulieren Sie ggf. eine Aufgabe, die eingeleitet werden sollte mit: „Wir haben ein kleines Experiment für dich, das vielleicht nützlich sein könnte............."
und beendet werden sollte mit „und beobachte, was passiert."

Die Aufgabe soll
- möglichst klein und leicht durchführbar sein
- bereits vorhandenes geglücktes Repertoire der Kollegin aufnehmen
- (oder ein wenig Sand in das Getriebe von Teufelskreisen streuen)
- nur gelegentlich erfüllt werden.

Oft reichen auch Bestärkungen („weiter so!) und Beobachtungsaufgaben.

9. Dank und Abschied

ANREGUNGEN FÜR EIN STRUKTURIERTES ZWEITES GESPRÄCH

Ziel: Erfahrungen mit strukturierten zweiten Gesprächen in der lösungsorientierten Gesprächsführung sammeln
Dauer: 3 x 30 Minuten Beratungszeit = insgesamt 90 Minuten
Ausstattung: Arbeitsblatt
TeilnehmerInnen: in Dreier-Gruppen: 2 BeraterInnen, 1 Klientin

Tun Sie sich in einer Dreiergruppe zusammen und führen Sie ein Fortsetzungsgespräch zu einem Anliegen, zu dem die einzelne kollegiale Klientin schon beraten worden ist.

Das nachfolgende Gespräch stellt nur eine von Tausenden von Möglichkeiten dar, ein Folge-Gespräch im lösungsorientierten Stil zu führen. In einer Übungsphase macht es jedoch Sinn, Erfahrungen mit solch strukturierten Leitfäden zu machen. In der folgenden Form habe ich besonders darauf geachtet, die „Klientin" nicht auf das Wunder vom Erstgespräch festzulegen und Fortschritte vorsichtig zu fördern (Stand halten, richtigen Zeitpunkt für den nächsten Schritt abwarten).

Wichtig sind vor allem für Neulinge in der lösungsorientierten Gesprächsführung folgende Regeln:

- Lesen Sie die Fragen wörtlich ab. Sie sind in spezieller Weise konstruiert und sollten für den Anfang nicht verändert werden.
- Die beiden BeraterInnen wechseln sich so ab, dass Beraterin A Frage 1, Beraterin B Frage 2, Beraterin A Frage 3 usw. stellt. Eine solche klare Einteilung hilft Missverständnisse beim gemeinsamen Beraten vermeiden.

Nach der Beratung ziehen sich die BeraterInnen zurück und beraten über echtes Lob und ggf. weitere Experimente für die Klientin.

ANREGUNGEN FÜR EIN STRUKTURIERTES ZWEITES GESPRÄCH - ARBEITSBLATT

(Begrüßung)

1. „Zunächst möchte ich wissen: Was ist besser geworden ?"

2. Passende Nachfragen dazu, z.B.:

   „Wie war das?"
   „Wie ist das gekommen?"
   „Was hat dabei geholfen?"
   „Wer hat dich unterstützt?"

3. „Was ist noch besser geworden ?"

4. Passende Nachfragen dazu.

5. Skalierung: „Wenn 10 dafür steht: Ich bin völlig zufrieden damit, wie es im Moment ist - und 0 für das krasse Gegenteil, die schlimmste Zeit, wo stehst du heute ?"

6. „Was wird dir helfen, diesen Wert zu halten ?"

7. „Und mit welchem Wert wirst du zufrieden sein?"

8. „Was wird das erste Zeichen dafür sein, dass du dich diesem Wunschwert näherst?"

DANK * PAUSE * ECHTES LOB * EVTL: PASSENDE AUFGABEN

BERATUNG ZUR BERUFLICHEN LEBENSPLANUNG

Ziel: Erfahrungen mit strukturierten Gesprächen zur Begleitung beruflicher Entwicklungen (z.B. im Coaching) führen.
Dauer: 3 x 30 Minuten Beratungszeit = insgesamt 90 Minuten
Ausstattung: Arbeitsblatt
TeilnehmerInnen: in Dreier-Gruppen: 2 BeraterInnen, 1 Klientin

1. Bilden Sie Zweier- oder Dreiergruppen.

2. Stellen Sie eine Person aus Ihrer Gruppe in den Mittelpunkt. Sie soll ein echtes (!) berufliches Lebensziel bearbeiten. Die beiden KollegInnen führen abwechselnd die Beratung durch.

3. Die BeraterInnen führen ein Interview nach dem vorgeschlagenen Leitfaden durch. Halten Sie sich zunächst an die vorgeschlagenen Fragen. Sie sind bewusst so ausgewählt, dass sie z.B. den Blick auf Unterstützung durch andere Personen und glückliche Umstände lenken und erst danach nach eigenen Aktivitäten fragen.

4. Am Ende werden konkrete kleine Schritte mit Terminen (wann?) festgehalten, wo möglich, auch im Terminkalender.

5. Zum Abschluss des Interview können die BeraterInnen gerne ein echtes und ernstgemeintes Lob äußern.

ACHTUNG! LASSEN SIE NACH JEDER FRAGE VIEL ZEIT! JE LÄNGER EINE ANTWORT DAUERT, UM SO MEHR NEUES WISSEN WIRD PRODUZIERT !!!!

Sie haben für diese Übung etwa 20-30 Min. Zeit. Wechseln Sie danach, so dass jede Person einmal im Mittelpunkt steht.

BERATUNG ZUR BERUFLICHEN LEBENSPLANUNG – ARBEITSBLATT

Benennen Sie Ihr wichtigstes berufliches Ziel für die nächsten 3 Jahre!

„Stellen Sie sich vor, wir treffen uns in 3 Jahren, also 200., wieder hier in.... Sie sind völlig zufrieden, denn Sie haben bei Ihrem wichtigsten beruflichen Ziel alles erreicht, was Sie sich vorgestellt haben. Wie sieht Ihr berufliches Leben nun aus? Was können Sie mir im Jahre 200.. berichten ?"

„Und wie sieht Ihr Leben noch aus, wenn Ihr beruflicher Wunsch in Erfüllung gegangen ist?"

„Betrachten Sie jetzt die folgende Skala. 10 steht für Ihren Erfolg, wie Sie ihn gerade geschildert haben. 0 steht dafür, dass Sie bezüglich Ihres Zieles noch völlig am Anfang stehen."

0______________________________10

völlig am Anfang	**ganz zufrieden und erfolgreich**

4. „Wo zwischen 0 und 10 stehen Sie jetzt?"

5. „Welche Personen (ausser Ihnen selbst) haben dazu beigetragen, dass Sie sich heute bei ..... einordnen und nicht mehr bei 0?"

6. „Welche glücklichen Umstände haben dazu beigetragen, dass Sie sich heute bei ..... einordnen und nicht mehr bei 0?"

7. „Welche eigenen Aktivitäten haben dazu beigetragen, dass Sie sich heute bei ..... einordnen und nicht mehr bei 0?"

8. „Nennen Sie nun 2 möglichst kleine Dinge, die in den nächsten 4 Wochen geschehen müssen, um Sie auf dem Weg zu Ihrem Ziel einen Punkt höher zu bringen. Berücksichtigen Sie auch kleine Aktivitäten, die eine größere Aktivität einleiten (z.B. Anmeldung, erste Kontakte...)."

9. „Planen Sie diese beiden Dinge fest und tragen Sie sie am besten direkt jetzt in Ihren Terminkalender ein. Versehen Sie sie dort mit einem Stern oder einer bestimmten Farbe, um ihnen absolute Priorität einzuräumen."

BERATUNG ZUR PERSÖNLICHEN UND PRIVATEN LEBENSPLANUNG

Ziel: Erfahrungen mit strukturierten Gesprächen zur Begleitung persönlicher und privater Entwicklungen führen.
Dauer: 3 x 30 Minuten Beratungszeit = insgesamt 90 Minuten
Ausstattung: Arbeitsblatt
TeilnehmerInnen: in Dreier-Gruppen: 2 BeraterInnen, 1 Klientin

1. Bilden Sie Zweier- oder Dreiergruppen.

2. Stellen Sie eine Person aus Ihrer Gruppe in den Mittelpunkt. Sie soll ein <u>echtes</u> (!) privates Lebensziel bearbeiten. Die beiden KollegInnen führen abwechselnd die Beratung durch.

3. Die BeraterInnen führen ein Interview nach dem vorgeschlagenen Leitfaden durch. Halten Sie sich zunächst an die vorgeschlagenen Fragen. Sie sind bewusst so ausgewählt, dass sie z.B. den Blick auf Unterstützung durch andere Personen und glückliche Umstände lenken.

4. Am Ende werden konkrete kleine Schritte mit Terminen (wann?) festgehalten, wo möglich, auch im Terminkalender.

5. Zum Abschluss des Interview können die BeraterInnen noch ein <u>echtes und ernstgemeintes</u> Lob äußern.

ACHTUNG! LASSEN SIE NACH JEDER FRAGE VIEL ZEIT! JE LÄNGER EINE ANTWORT DAUERT, UM SO MEHR NEUES WISSEN WIRD PRODUZIERT !!!!

Sie haben für diese Übung etwa 20-30 Min. Zeit. Wechseln Sie danach, so dass jede Person einmal im Mittelpunkt steht.

BERATUNG ZUR PERSÖNLICHEN UND PRIVATEN LEBENSPLANUNG – ARBEITSBLATT

Benennen Sie Ihr wichtigstes persönliches oder privates Ziel für die nächsten 3 Jahre!

1. „Stellen Sie sich vor, wir treffen uns in 3 Jahren, also 200.. wieder hier in.... Sie sind völlig zufrieden, denn Sie haben bei Ihrem wichtigsten persönlichen oder privaten Ziel alles erreicht, was Sie sich vorgestellt haben. Wie sieht Ihr berufliches Leben nun aus? Was können Sie mir im Jahre 200.. berichten ?"

2. „Und wie sieht Ihr Leben noch aus, wenn Ihr persönlicher oder privater Wunsch in Erfüllung gegangen ist?"

3. „Betrachten Sie jetzt die folgende Skala. 10 steht für Ihren Erfolg, wie Sie ihn gerade geschildert haben. 0 steht dafür, dass Sie bezüglich Ihres Zieles noch völlig am Anfang stehen."

0____________________________________10

völlig am Anfang	**ganz zufrieden und erfolgreich**

4. „Wo zwischen 0 und 10 stehen Sie jetzt?"

5. „Welche Personen (ausser Ihnen selbst) haben dazu beigetragen, dass Sie sich heute bei ..... einordnen und nicht mehr bei 0?"

6. „Welche glücklichen Umstände haben dazu beigetragen, dass Sie sich heute bei ..... einordnen und nicht mehr bei 0?"

7. „Welche eigenen Aktivitäten haben dazu beigetragen, dass Sie sich heute bei ..... einordnen und nicht mehr bei 0?"

8. „Nennen Sie nun 2 möglichst kleine Dinge, die in den nächsten 4 Wochen geschehen müssen, um Sie auf dem Weg zu Ihrem Ziel einen Punkt höher zu bringen. Berücksichtigen Sie auch kleine Aktivitäten, die eine größere Aktivität einleiten (z.B. Verabredung, Anruf, erste Kontakte...)."

9. „Planen Sie diese beiden Dinge fest und tragen Sie sie am besten direkt jetzt in Ihren Terminkalender ein. Versehen Sie sie dort mit einem Stern oder einer bestimmten Farbe, um ihnen absolute Priorität einzuräumen."

10. Zum Abschluss des Interview können die BeraterInnen noch ein echtes und ernstgemeintes Lob äußern.

ÜBUNG ZU RESSOURCEN IN DER BIOGRAPHIE

Ziel: Erfahrungen in lösungsorientierter Biographie-Arbeit sammeln
Dauer: 2 x 30 Minuten Beratungszeit = insgesamt 60 Minuten
Ausstattung: Arbeitsblatt
TeilnehmerInnen: arbeiten paarweise mit PartnerInnen ihres Vertrauens

Eines der erfolgreichsten Bücher des finnischen lösungsorientierten Kollegen BEN FURMAN heißt: Es ist nie zu spät, eine glückliche Kindheit zu haben. Das heißt, dass es mit Hilfe lösungsorientierter Haltung und Gesprächsführung möglich ist, Dinge in der Vergangenheit eines Menschen zu bessern. Wie kann dies möglich sein?

Aus konstruktivistischer Sicht ist Biographie und Vergangenheit nichts Feststehendes, sondern wird im Moment des Erinnerns jedes Mal neu konstruiert und zusammengesetzt. Biographische Studien sprechen deshalb z.B. im biographischen Interview von einer „Koproduktion" der Biographie zwischen Interviewerin und Interviewtem.

Ähnlich gehen wir vor, wenn wir in einem lösungsorientierten Interview bewusst bestimmte Aspekte in der Vergangenheit beleuchten und dadurch stärken.

Im Bedürfnis, die außerordentlich vielschichtigen und ambivalenten Erlebnissen aus Kindheit und Jugend zu verarbeiten, werten viele Menschen ihre Herkunftsfamilie ab. Diese „Lösung" stellt jedoch auf Dauer nicht zufrieden und Menschen möchten sich erinnern und mit ihrer Vergangenheit auseinandersetzen. Das zeigt auch der grosse Erfolg von Familienaufstellungen und analytischen Psychotherapien. Insoo Kim Berg hat uns deutlich gemacht, wie groß das Bedürfnis jedes Menschen ist, stolz auf bestimmte Aspekte seiner Vergangenheit und seiner Herkunftsfamilie zu sein.

ÜBUNG ZU RESSOURCEN IN DER BIOGRAPHIE – ARBEITSBLATT

Suchen Sie sich eine Partnerin (ggf. auch zwei) Ihres Vertrauens und führen Sie diese Übung wechselseitig durch. Wenn beide Durchgänge vorbei sind, reflektieren Sie gemeinsam Ihre Erfahrungen.

1. Nennen Sie Ihrer Partnerin eine Eigenschaft, die Ihnen bei ihr positiv aufgefallen ist. Fragen Sie nach, ob auch Ihre Partnerin diese Eigenschaft bei sich selbst sieht. Tut sie das nicht, versuchen Sie es mit einer weiteren Eigenschaft.

2. Fragen Sie dann weiter: „Woher hast du diese Eigenschaft? Hast du das in deiner Kindheit gelernt (3) oder eher später selbst (4) erworben?"
Fragen Sie je nach Antwort bei 3 oder 4 weiter:

3. Ressourcen in der Kindheit:
„Wo hast du das gelernt?" „Wie alt warst du damals?"
„Wie hat das Deine Familie unterstützt ?"
„Wer hat das besonders unterstützt?"
„Wer war noch förderlich ?" „Welche Vorbilder hattest du?"
„Welche anderen Personen in der Familie haben noch diese Eigenschaft?"
„Wobei hilft dir diese Eigenschaft heute besonders?"

4. Ressourcen in der Persönlichkeit und im persönlichen Netzwerk:
„Wie hast du dir diese Eigenschaft selbst erworben?"
„Wie hast du dich dazu entschlossen?" „Wie alt warst du damals?" „Was hat dir dabei geholfen?"
„Welches Vorbild oder welche andere Unterstützung hattest du?"
„Wobei hilft dir diese Eigenschaft heute besonders?"

11. HILFREICHE GESPRÄCHSMODULE UND -BAUSTEINE

KONTEXT EINER BERATUNG

Ziel: in einem Rollenspiel die Klientin über den Kontext der Beratung aufklären

Dauer: 40 Minuten Lektüre und freies Training, danach Vorführung in der Gruppe = insgesamt 70 Minuten

Ausstattung: Arbeitsblatt und leeres Formblatt

TeilnehmerInnen: arbeiten in Dreier- oder Vierergruppen

Die meisten unserer Übungen fangen sofort mit der Beratung an. Gesprächsführung umfasst jedoch auch notwendige Kontext-Informationen für die Klientin.

Lesen Sie in Ihrer Gruppe zunächst die folgenden Gesprächsbausteine und Beispiele. Nehmen Sie dann den Bogen ohne Gesprächsbeispiele und üben Sie in einem Rollenspiel mehrmals hintereinander die Begrüßung und Verabschiedung der Klientin. Bauen Sie bewusst auch Beratungsanliegen ein, die Sie ablehnen wollen. Spielen Sie zum Schluss die Sequenz einer kollegialen Gruppe vor und holen sich ein Feed-Back und Verbesserungsvorschläge.

Schritte	Beispiele für Formulierungen
Begrüßung	„Guten Tag, Herr Gelb."
Eigene Vorstellung (Name/Rolle)	„Ich bin Frau Grün. Ich arbeite hier als Sozialpädagogin."
Kurze Information über die Beratung.	„Wir beraten Angehörige von Patienten und Patientinnen in schwierigen Situationen."
Information über Vertraulichkeit und Zeitrahmen.	„Alles, was wir hier besprechen, bleibt vertraulich. Für unser Erstgespräch haben wir bis zu 40 Minuten Zeit."
Vergewisserung: Können äußere Bedingungen verbessert werden?	„Ist Ihnen warm, kalt?" „Soll ich ein Fenster öffnen/schließen?" „Möchten Sie ...?"
Anliegen	„Was möchten Sie mit mir besprechen?"
Problemklärung	„Und wie genau ist das ein Problem für Sie?" „Was genau daran ist besonders schwierig?" „Was befürchten Sie für den Fall, dass sich nichts tut?"
Abklärung: Bin ich für diese Beratung zuständig? Will ich sie übernehmen? Gibt es kompetentere Fachdienste? Wie sieht mein Zeitrahmen aus?	
Wenn nein: Kontaktvermittlung zu anderen Stellen	„Ihre Angelegenheit fällt leider nicht in meinen Bereich. Wir haben allerdings eine sehr kompetente Kollegin in der Fachberatung für..."
Wenn ja: Auftragsklärung für heute	„Was kann heute hier geschehen, damit Sie sich sagen: Es hat sich gelohnt, dass ich hierher gekommen bin?"
LÖSUNGSORIENTIERTES GESPRÄCH	
Ausblick (Wie kann es weitergehen?)	„Rufen Sie gerne die Zentrale an, wenn Sie ein weiteres Gespräch mit mir wünschen. Sie erhalten dann bald einen neuen Termin."
Abschied	„Auf Wiedersehen, Herr Gelb!"

Schritte	Notizen für eig. Formulierungen
Begrüßung	
Eigene Vorstellung (Name/Rolle)	
Kurze Information über die Beratung.	
Information über Vertraulichkeit und Zeitrahmen.	
Vergewisserung: Können äußere Bedingungen verbessert werden?	
Anliegen	
Problemklärung	
Abklärung: Bin ich für diese Beratung zuständig? Will ich sie übernehmen? Gibt es kompetentere Fachdienste? Wie sieht mein Zeitrahmen aus?	
Wenn nein: Kontaktvermittlung zu anderen Stellen	
Wenn ja: Auftragsklärung für heute	
LÖSUNGSORIENTIERTES GESPRÄCH	
Ausblick (Wie kann es weitergehen?)	
Abschied	

ÜBUNG ZUR GEZIELTEN BEOBACHTUNG UND BEFRAGUNG

Ziel: Erfahrungen in freien, aber fokussierten lösungsorientierten Interviews sammeln
Dauer: max. 30 Minuten Beratungszeit sowie Beratung, Rückmeldung und Reflexion = insgesamt 60 Minuten
Ausstattung: Arbeitsblatt
TeilnehmerInnen: arbeiten in Dreiergruppen, ggf. mit einer zusätzlichen Beobachterin

Beraten Sie eine Kollegin. Teilen Sie Ihr Zweier-Beratungsteam auf und erproben Sie eine Beratung in zweimal zwei (=4) Phasen à max. 5-7 Minuten. Jede Beraterin berät also zweimal 5-7 Minuten. Die andere Beraterin gibt nach 5 Minuten ein vereinbartes Zeichen und übernimmt spätestens nach 7 Minuten die Beratung.

Formulieren Sie freie Fragen, die aber jeweils einen der folgenden bedeutsamen Aspekte von Beratung aufnehmen:

PHASE 1: (5-7 Minuten)

Beraterin A: Was ist das Anliegen? Was ist der Auftrag und die Erwartung für die heutige Sitzung? Warum sind bestimmte Dinge gerade heute wichtig / stehen zur Klärung an?

PHASE 2: (5-7 Minuten)

Beraterin B: Wie ist das Ziel der Klientin? Wir würde das Wunder aussehen? Was möchte sie erreichen? In welche Richtung möchte sie gehen?

PHASE 3: (5-7 Minuten)

Beraterin A: Welche Veränderungen sind bereits eingetreten? Was wurde schon erfolgreich versucht? Was hatg bisher nicht geholfen? Was gibt der Klientin Vertrauen, dass etwas zu ändern ist?

PHASE 4: (5-7 Minuten)

Beraterin B: Wer unterstützt die Klientin auf ihrem Weg? Wer hat bereits früher geholfen? Wer steigert ihr Selbstvertrauen? Wer nimmt das Anliegen besonders wichtig / nicht so ernst?

VORHERSAGELISTE FÜHREN

Ziel: Erfahrungen in der Bearbeitung von Vorhersage-Aufgaben sammeln

Dauer: ca. 30 Minuten Vorberatungszeit,
mehrer Tage Bearbeitung zuhause
30 Min. Nachbesprechungszeit

Ausstattung: Arbeitsblatt

TeilnehmerInnen: arbeiten in Dreier- oder Vierergruppen

Vorhersageaufgaben sind ein wirkungsvolles Instrument lösungsorientierter Beratung. Um sie angemessen einsetzen zu können, sollten wir einmal selbst die Erfahrung machen, wie es ist, eine solche Vorhersage-Liste zu führen.

Besprechen Sie in Ihrer Kleingruppe, wo jede(r) von Ihnen einen Bereich hat, der „immer" unbefriedigend oder „nie" zufriedenstellend ist. Das kann die eigene Unsportlichkeit oder die nörgelnde Schwiegermutter sein. Legen Sie gemeinsam mit der Gruppe fest, wofür die 10 und wofür die 0 steht und machen Sie jeden Abend auf der untenstehenden Liste eine Vorhersage. Tragen Sie vor der neuen Vorhersage den Wert für das tatsächliche Tagesgeschehen ein. Besprechen Sie die Liste bei Ihrem nächsten Treffen!

Di	**Mi**	**Do**	**Fr**	**Sa**	**So**	**Mo**
Di	**Mi**	**Do**	**Fr**	**Sa**	**So**	**Mo**

DIE KLAGENDEN-SITUATION

Manchmal wollen Menschen jammern und klagen. Sie wollen einfach einmal Ärger loswerden und die Welt sieht aus ihrer momentanen Sicht unfreundlich und insgesamt schwarz aus. Solche Situationen kennen wir alle. Ob wir Liebeskummer haben oder uns über unsere Chefin ärgern – auch wir wollen manchmal nur klagen und <u>keine</u> guten Ratschläge hören.

In Milwaukee wird eine solche Situation in der Beratung "Klagenden – Situation" genannt:

Eine Klagende ist überzeugt, dass sie selbst alles getan hat, was nur menschenmöglich ist und dass eine andere Person oder unglückliche Umstände an der Misere schuld sind. Wenn sich diese Personen oder Umstände nicht ändern, werden auch die Probleme bestehen bleiben.

In der Regel sind uns solche Gespräche unangenehmer als die mit aufgeschlossenen, optimistischen GesprächspartnerInnen. Die Gefahr ist groß, hier gereizt und ungeduldig zu reagieren und vorschnell Rat"schläge" zu geben.

Ich möchte Ihnen ein anderes und erfolgreiches Gesprächsverhalten vorschlagen:

GRUNDANNAHMEN

1."Die Klagende hat recht."

Folgen wir konsequent den theoretischen Grundannahmen des Konstruktivismus, müssen wir der Klagenden recht geben: Sie hat wirklich alles getan, was in ihrer Macht liegt, um die Situation in den Griff zu bekommen. Wären Sie an der Stelle der Klientin, wären <u>Ihnen</u> bestimmt noch andere Ideen gekommen und in die meisten Situationen wären <u>Sie</u> erst gar nicht hineingeraten. Für die Klagende ist das jedoch anders: Sie hat recht.

2. "Entspannen Sie sich! Setzen Sie wenig Energie ein!"

Sobald Sie die Situation als Klagenden-Situation eingeschätzt haben, lehnen Sie sich innerlich zurück. Hier ist zwar Ihre Aufmerksamkeit und Anteilnahme gefragt, aber zunächst nicht Ihre Energie. Fahren Sie Ihre Energie auf 20% herunter! Sie sollen der Klagenden zunächst nur verständnisvoll zuhören.

Passen Sie sich in Tonfall, Lautstärke und Körperhaltung der Sprechweise der klagenden Person an. Damit verweigern Sie den Komplementär-Part und verhindern, dass die klagende Person immer mehr ins Jammern kommt, während Sie selbst energisch und mit (vergeblich eingesetzter und deshalb frustrierender Energie) an ihr zerren.

Die Situation ist durch Entspanntheit, nicht durch Kraft in den Griff zu bekommen!

Lassen Sie die Klagende erzählen, berichten, anklagen, Beispiele nennen.

Alles, was Sie tun müssen, ist die Klagende ausreden lassen und verständnisvoll zuhören, bis die Klagen ausgehen.

Gewöhnlich hat die Klagende bereits lange nachgegrübelt oder sich geärgert. Sie möchte sich zunächst einmal "aus-sprechen". Nehmen Sie dies wörtlich. Unterbrechen Sie den Fluss der Rede nicht durch Fragen und schon gar nicht durch Vorschläge!

Seien Sie gesammelt und aufmerksam, aber beteiligen Sie mehr Ihr Gefühl als Ihren Kopf. Denken Sie daran, wie hier eine mitfühlende Großmutter oder ein älterer Nachbar zuhören würden: Nicken Sie ab und an, respektieren Sie auch durch Ihre Miene den Ernst und die Schwierigkeit der Situation, flechten Sie kurze verständnisvolle Äußerungen ein ("oh je!" "Wirklich?" "Mh!").

Wenn Sie detektivische Fragen und Ratschläge vermeiden, fehlt der Klagenden der gesellschaftliche Widerpart für das "ja-aber-Spiel", das Sie sicher kennen: Sie selbst machen mit energischer und aktiver Stimme Vorschläge, während Ihr Gegenüber an jedem Vorschlag etwas auszusetzen hat ("Das geht sowieso nicht." "Aber dazu fehlt mir die Zeit."), was für uns ermüdend und frustrierend ist und die klagende Gesprächspartnerin auch nicht weiterbringt.

Aber: Wollen die Klagenden nicht sofort eine Entscheidung oder einen Ratschlag von mir?

Das ist **nicht** der Fall! Beziehungsweise: <u>Wenn</u> das der Fall ist, haben wir keine Klagenden-Situation, sondern im lösungsorientierten Ansatz eine Kundinnen-Situation.

Warten Sie also, bis die Klagen dünner geworden sind oder bis Sie selbst Ihre „Un-Tätigkeit" nicht mehr aushalten.

Fragen Sie dann:
„Was werden Sie jetzt tun?„

Antwortet die Klagende: „Ich weiß auch nicht...„, dann fragen Sie weiter:
„Was haben Sie schon überlegt?„

Und erst **danach** :
„Was haben Sie überlegt, das ich tun könnte?„

Beenden Sie Gespräche mit Klagenden pünktlich! Als professionell Helfende neigen wir dazu, den Kontakt auszuweiten, um doch noch eine Möglichkeit zur Beratung der Klagenden zu finden. Nehmen Sie hier in jedem Fall die Situation in die Hand und beenden Sie das Gespräch freundlich und zugewandt, aber pünktlich!

ÜBUNG IN ACHTSAMER GELASSENHEIT – KLAGENDE KLAGEN LASSEN

Ziel: Erweiterung der Schweigekapazität – Arbeit an der eigenen HelferInnen-Persönlichkeit
Dauer: ca. 15 Minuten , Nachbesprechung weitere 10 Minuten
Ausstattung: Arbeitsblatt
TeilnehmerInnen: in Dreiergruppen

Nehmen Sie für die folgende Übung abwechselnd die Rollen ein und üben Sie für 3 Minuten (nicht länger!).

„Klientin" : Jammern und klagen Sie über eine wirklich für Sie bejammerns- und beklagenswerte Angelegenheit (zum Beispiel Ihr schulfaules Kind oder Ihre nervige Kollegin).

Beraterin : Hören Sie ehrlich mitfühlend zu, aber fahren Sie Ihre Energie herunter. Äußern Sie Laute des Mitgefühls und wiederholen Sie einzelne kleine Satzteile und äußern Sie sich (echt!) mitfühlend.

Erst, wenn der Klagefluss spärlicher wird, erfragen Sie: „Und was wirst du jetzt machen?", erst danach : „Gibt es irgendetwas, das ich für dich tun könnte?"

Beobachterin: Schauen Sie auf die Uhr und geben nach 3 Minuten das Signal zum Wechsel.

ÜBUNG IN ACHTSAMER GELASSENHEIT – KLAGENDE KLAGEN LASSEN

Ziel: Erweiterung der Schweigekapazität – Arbeit an der eigenen HelferInnen-Persönlichkeit
Dauer: ca. 10 Minuten im privaten Umfeld, Nachbesprechung in der Gruppe ca. 10 Minuten pro Teilnehmerin
Ausstattung: Arbeitsblatt
TeilnehmerInnen: in Einzelarbeit zuhause

Nehmen Sie sich eine für Sie eher lästige Klagenden-Situation im Privatleben (Freundin mit Liebeskummer am Telefon, enttäuschte Schwiegermutter, schulfaule Kinder...) und versuchen Sie das oben geschilderte 4-Schritte-Programm:

1. Zuhören, Bedauern, Energie auf 20%
2. „Was wirst du jetzt tun?" und „Was hast du schon überlegt?"
3. „Was hast du überlegt, das ich tun könnte?"
4. Gespräch freundlich und pünktlich beenden

und tauschen sich beim nächsten Treffen dazu aus.

LERN- UND VERÄNDERUNGSPROZESSE BEGLEITEN

Ziel: Anregungen für eine lösungsorientierte Begleitung von Lern- und Veränderungsprozessen nutzen

Dauer: ca. 20 Minuten Gespräch, danach Beratungspause und Rückmeldung

Ausstattung: Arbeitsblatt

TeilnehmerInnen: in Zweier- oder Dreiergruppen

Wenn in Ihrer Trainings- oder Ausbildungsgruppe eine Teilnehmerin eine neue Arbeitsstelle angetreten hat oder eine andere ähnlich große berufliche Veränderung durchmacht, können Sie in einer kleinen Übung die Kraft lösungsorientierter Fragen ausprobieren.

Stellen Sie alleine oder zu zweit Ihrer Kollegin die folgenden Fragen und reflektieren hinterher ihre Erfahrungen.

- „Welche Fähigkeiten, die du bereits an dir kanntest, hast du bei deiner neuen Stelle bestätigt gefunden?"
- „Welche neuen, vielleicht unerwarteten Fähigkeiten hast du dort schon an dir entdeckt?"
- „Was bei der neuen Stelle ist eine Herausforderung zum Weiterlernen?"
- „Wie wirst du weiterlernen?"
- „Was und wer wird dich dabei unterstützen?"

BERATUNGEN DES FREMDEN FREUNDESKREISES

Ziel: Routine in der Beratung von Unbekannten gewinnen
Dauer: ca. 20 Minuten Gespräch, danach Beratungspause und Rückmeldung
Ausstattung: Notiz-Material, ggf. Rückmeldebogen
TeilnehmerInnen: Beratung in Zweiergruppen

In unserer Zusatzausbildung beraten die TeilnehmerInnen unter Supervision Personen, die sie nicht kennen.
Auch den Peer-Gruppen und kollegialen Lerngruppen empfehlen wir, Unbekannte zu beraten und an diesen Situationen zu üben.

Gute Erfahrungen haben wir damit gemacht, dass unsere TeilnehmerInnen selbst ihre PartnerInnen, FreundInnen oder Verwandte zum Gespräch eingeladen haben, aber selbst nicht an der Beratung teilgenommen haben. So konnten die Personen aus dem Umfeld einmal einen Blick in die Ausbildung werfen und wurden in klaren Rollen bei ihren eigenen Anliegen beraten. Für viele Menschen in schwierigen Situationen ist die Einladung zu einer solchen (auch einmaligen) Beratung sehr willkommen.

Wichtig ist hier die klare Zusicherung der Vertraulichkeit auch gegenüber der Teilnehmerin, die den Kontakt vermittelt hat.

Besonders hilfreich für die BeraterInnen ist, wenn die „KlientInnen" bereit sind, einen Rückmeldebogen auszufüllen. Auf der nächsten Seite finden Sie ein Beispiel dafür.

RÜCKMELDUNG ZUM BERATUNGSGESPRÄCH

Es haben beraten:

Es wurde beraten:

Meine Rückmeldung zum Gespräch:

Das war für mich hilfreich im Gespräch:

____

____

____

Das nehme ich mit aus dem Gespräch:

____

____

____

Das möchte ich meinen BeraterInnen noch sagen:

____

____

____

Das ist mir noch wichtig:

____

____

____

0 Ich bin damit einverstanden, dass meine BeraterInnen diesen Bogen lesen.

0 Ich bin nicht damit einverstanden, dass meine BeraterInnen diesen Bogen lesen.

12. ROUTINE GEWINNEN UND SICH FREISCHWIMMEN

STUFEN DER VERÄNDERUNG

Ziel: Das Modell von Prochaska, Norcross und di Clemente kennen lernen und für die eigene Beratungspraxis ausprobieren
Dauer: ca. 20 Minuten Gespräch, Beratungspause und Rückmeldung
Ausstattung: Arbeitsblatt und Notiz-Material
TeilnehmerInnen: Beratung in Zweiergruppen

In ihrem Buch „Changing for Good" legten PROCHASKA, NORCROSS, DI CLEMENTE, alle Professoren für Psychologie an verschiedenen nordamerikanischen Hochschulen, im Jahre 1995 eine Theorie vor, wie Menschen sich verändern. Ergebnis ihrer eigenen Forschungen und der zahlreichen Forschungen, die sie ausgewertet haben: Es macht Sinn, 5 Stufen der Veränderung zu unterscheiden und durch spezifische Hilfestellungen zu begleiten.

Profis in der Sozialen Arbeit benehmen sich häufig so, als seien alle Ihre KlientInnen im Handlungsstadium der Veränderung. Sind die KlientInnen weniger motiviert und zögerlich, führt dies zu Enttäuschungen.

Es ist - so Prochaska, Norcross und DiClemente – günstig, sich zu vergewissern, in welcher Phase sich unsere KlientInnen gerade befinden, um Veränderungsprozesse adäquat fördern zu können.

Besonders bei den Überlegungen für die Rückmeldung nach der Beratungspause lohnt es sich, kurz zu überlegen, in welcher Stufe des Modells sich die jeweilige Klientin befindet.

Beraten Sie eine Kollegin oder einen unbekannten Gast. Richten Sie in der Beratungspause besonders ihr Augenmerk darauf, in welcher Phase des Veränderungsprozesses sich ihre Klientin befindet und gestalten Sie Ihre Rückmeldungen entsprechend.

Phase	**Kennzeichen**	**Geeignete Unterstützung**
Vorphase des Nachdenkens (Präkontemplation)	Die Umgebung der Klientin sieht Veränderungsbedarf, die Klientin selbst noch nicht.	Sicht der Klientin akzeptieren, freundlich bleiben, herausfinden, warum (z.B. wem zu Gefallen) die Klientin gekommen ist
Phase des Nachdenkens (Kontemplation)	Erstes zweifelndes Problembewusstsein, Pendeln zwischen Veränderungswunsch und „Bleiben wie ich bin", Informationsbedürfnis	Informationen geben, nicht drängen, eher Veränderungstempo drosseln („nur langsam verändern!")
Phase der Vorbereitung	Erste Veränderungs-experimente	Erste Schritte ermutigen, Auswahl der Veränderungswege unter Wahlfreiheit der Klientin begleiten.
Handlungsphase	Klientinnen verändern sich konsequent und planen für eine veränderte Zukunft	Veränderung bestärken, helfen, aus „Rückfällen" „Lernfälle" zu machen
Durchhaltephase	Die Klientin hält die Veränderungen bei und baut schrittweise ihren Alltag passend dazu	Anerkennung, ermutigende Begleitung, Sicherungs-pläne bei Rückfällen („was tue ich, wenn..?")

Das reflektierende Team („reflecting team“)

Es gibt unterschiedliche Modelle des „reflecting team“. Als Gründervater dieses Modells wird TOM ANDERSEN (Hrsg.: "Das reflektierende Team." Dortmund 1990) bezeichnet. Viele KollegInnen in Nordeuropa und in Deutschland arbeiten nach diesem Modell.
Hier eine Form, die Sie gut in der kollegialen Beratung ausprobieren können:

1. Beraterin und Klientin führen ca. 10-15 Minuten lang ein Beratungsgespräch.

2. Ein Beobachtungsteam (mit einer Moderatorin und einer Zeithalterin) tauscht dann etwa 5 Minuten lang Ideen und Eindrücke aus („Metalog“). Es schließt auch echtes Lob und Anregungen ein.

3. Danach hat die Klientin die Möglichkeit, auf die Ideen des Beobachtungsteams einzugehen. (Hierzu kann die Beraterin Fragen stellen, z.B.: Was hat Sie beeindruckt an dem, was Sie gehört haben? Wem können Sie zustimmen, wem nicht? Was hat Ihnen gefehlt? Was hat Ihnen gefallen?)

4. Angeregt durch den „Metalog“ wird die Beratung durch die Beraterin weitergeführt. Auch die Beraterin schließt ihr echtes Lob und ihre Anregungen mit ein. Nach ca. 10-15 Minuten gibt die Beraterin wieder ans reflecting team, das 5 sich Minuten lang austauscht.

5. Danach kommt es zu einem weiteren Gespräch zwischen der Beraterin und der Klientin. Es gibt keine Schlußintervention. Das letzte Wort sollte die Klientin haben.

Grundsätze des reflecting teams:

- Alle Beteiligten sind gleichberechtigt.
- Die Mitglieder des reflektierenden Teams verhalten sich respektvoll und wertschätzend untereinander und gegenüber den KlientInnen.
- Sie ringen nicht um die „richtige“ Position, sondern bejahen die Vielfalt möglicher Deutungen und Ideen.
- Sie formulieren ihre Ideen vorsichtig und „konjunktivistisch“.

13. LÖSUNGSORIENTIERTE KOLLEGIALE BERATUNG

FALLBESPRECHUNG UND KOLLEGIALE BERATUNG

Ziel: aus der lösungsorientierten Philosophie und Praxis heraus kollegiale Beratungen und Fallbesprechungen so gestalten, dass auch KollegInnen ohne lösungsorientierte Vorkenntnisse gut teilnehmen können

Dauer: ca. 60 Minuten

Ausstattung: Arbeitsblatt und Notiz-Material, ein „Redestein"

TeilnehmerInnen: ideal bis zu 10, möglich auch bis zu 15 TeilnehmerInnen, eine Moderatorin

Das nachfolgende Modell ist einzusetzen in der
- alltäglichen psychosozialen Fallbesprechung und
- in der kollegialen Supervision.

Das Modell der lösungsorientierten Fall- und Projektbesprechung geht - wie die lösungsorientierte Gesprächsführung insgesamt - davon aus, dass Gruppenmitglieder und KlientInnen mit einem Anliegen bereits über alle Elemente zu einer Lösung verfügen. Im Mittelpunkt der Gruppenarbeit/Supervision stehen die Klärung des Ziels, Betonung der bereits gelungenen Ansätze, Bestärkung der bereits erfolgreich eingesetzten Fähigkeiten und das Identifizieren der nächsten kleinen Schritte in Richtung Ziel.

Gleichzeitig bietet die lösungsorientierte Fallbesprechung aber auch eine Möglichkeit, Ratschläge und Tipps aus der Gruppe zu nutzen, ohne dass diese bevormundend wirken, zu „Ja, aber....."-Schleifen führen oder anderen Schaden anrichten können. Dies wird bewirkt durch eine lösungsorientierte Klammer, die von der Moderatorin gesetzt wird (s. Punkt 13).

Insgesamt stärkt diese Art der Fallbesprechung durch den Blick auf Ressourcen und Fähigkeiten der einzelnen KollegInnen Zusammenhalt und gute Teambeziehungen.

Die folgende Schrittfolge ist **eine** Möglichkeit, den lösungsorientierten Ansatz von Steve de Shazer und Insoo Kim Berg in der kollegialen Beratung und Fallbesprechung umzusetzen. In der Praxis können Sie selbst Abwandlungen vornehmen und unterschiedliche Fragetypen einbauen. Folgende Elemente sollten jedoch stets enthalten sein:

1. Positive Veränderungen **vor** der Gruppensitzung
2. Möglichst konkrete Beschreibung des Ziels
3. Messen des Fortschritts durch Skalierungen

Kontext:

Die Gruppe sollte eine arbeitsfähige Größe haben. Bei größeren Gruppen habe ich gute Erfahrungen mit folgendem Vorgehen gemacht: Wo eine große Gruppe ist, sind auch viele Fälle oder Beratungsanliegen vorhanden. Von daher bietet sich eine (Zufalls-) Aufteilung in zwei Beratungsteams an, die parallel arbeiten können.

Eine Expertin oder ein Mitglied der Gruppe übernimmt die ModeratorInnen-Rolle.

Ein Mitglied der Gruppe äußert den Wunsch (erklärt sich bereit), ein Anliegen in der Gruppe vorzustellen.

Die Moderatorin erläutert kurz die einzelnen Schritte des Modells, falls diese noch nicht bekannt sind (Interview, Informationsfragen durch die Gruppe, Rückmeldung mit ehrlichem Lob und Ratschlägen).

Interview-Phase

1. Ein Mitglied der Gruppe stellt einen Fall (ein Anliegen) vor. Im psychosozialen Bereich sind häufig langatmige Fallvorstellungen an der Tagesordnung. Hier empfiehlt sich eine klare Zeitbegrenzung (z.B. 5 oder 10 Minuten) mit der Begründung, dass in diesem Modell eher eine Falldarstellung durch Fragen im Mittelpunkt steht.

2. Die Moderatorin fragt nach dem Ziel der heutigen Fallbesprechung oder kollegialen Beratung (Nur einmal erzählen, neue Lösungsmöglichkeiten mitnehmen usw.).

3 a. Die Moderatorin stellt die Wunderfrage in abgewandelter Form, eingeleitet z.B. durch:
„Stell dir vor, alles läuft ganz optimal, als sei ein Wunder geschehen. Wie würde die Sache dann aussehen?"

3 b. Ist die Moderatorin im lösungsorientierten Ansatz vertraut, kann sie auch die wirksame klassische Form der Wunderfrage einsetzen:

"Damit wir deine Wünsche für den Fall besser erfassen können, bitte ich dich jetzt, dir Folgendes vorzustellen (Pause): Am kommenden Wochenende (Pause), während du deine übliche Freizeit verbringst (Pause), geschieht ein Wunder (Pause). Alle Schwierigkeiten bei diesem Fall sind beseitigt (Pause) und alles läuft ganz wunderbar (Pause), ganz wie du es dir wünschst, (Pause) einfach optimal (Pause). Woran merkst du am Montag als Erstes, das ein Wunder geschehen ist? Und wie sieht dann der Fall in einem Monat aus?"

„Und was ist noch anders bei dem Fall?"

4. Die Moderatorin fragt weiter: **„Stell dir eine Skala zwischen 0 und 10 vor, bei der 10 für das Wunder, den idealsten Fall steht und 0 für den schlimmsten Tag, den du mit diesem Fall je hattest.**
Wo zwischen 0 und 10 kannst du die Sache heute einordnen?"
„Und mit wie viel von 10 wirst du zufrieden sein?"

5. Die Moderatorin fragt weiter: **„Welche Person (außer dir selbst) hat geholfen, dass die Sache auf (x) ist und nicht auf 0?"**
Hier wie auch bei den nächsten Fragen ist ganz wichtig, keine Erklärungen nachzuschieben, sondern der Kollegin wirklich Zeit zur Beantwortung zu geben. Je länger eine Antwort braucht, um so mehr neues Wissen wird produziert. Die Frage nach hilfreichen Personen wird bewusst als erste gestellt, um den Blick darauf zu lenken, dass nicht eine einzelne Person für sich alleine eine gelungene Entwicklung eines Falles vorantreiben kann.

6. Die Moderatorin fragt weiter: **„Welcher glückliche Umstand hat geholfen, dass die Sache auf (x) ist und nicht auf 0?"**
Diese Frage ist ganz bewusst offen gestaltet und sollte auch bei Ratlosigkeit der Kollegin stehen gelassen werden, da erfahrungsgemäss jede Kollegin hier wichtige Ressourcen des Falles benennt.

7. Die Moderatorin fragt weiter: **„Welche eigene Aktivität von dir hat geholfen, dass die Sache auf (x) ist und nicht auf 0?"**

8. Die Moderatorin fragt weiter: **„Welche Aktivität der Klientin hat geholfen, dass die Sache auf (x) ist und nicht auf 0?"**

9. Nun dürfen alle Mitglieder der kollegialen Gruppe reihum **Informations**-Fragen stellen. Dafür eignet sich gut ein Redestein, der - einer alten indianischen Tradition folgend – reihum rundgegen wird. Wer ihn hat, **darf** eine Frage stellen, muss aber nicht.
Bei offenen oder verdeckten Ratschlägen bittet die Moderatorin, diese zurückzustellen und für später festzuhalten.

Rückmeldephase

Sind alle Fragen gestellt oder spätestens nach 45 Minuten Gesamtarbeitszeit schließt die Moderatorin die Frage-Runde und bittet alle Beteiligten, ein ehrliches Lob sowie einen Tipp, Ratschlag oder Denkanstoß für die Kollegin zu überlegen.

10. Alle Mitglieder Beratungsgruppe (einschließlich Moderatorin) formulieren für die fallbearbeitende Kollegin mindestens ein ehrliches und ernsthaftes Lob. Keine Angst vor Doppel-Nennungen !

11. **Danach** nennen die Mitglieder der Beratungsgruppe die Tipps, Denkanstöße oder Ratschläge, die ihnen eingefallen sind. Diese werden **nicht diskutiert.** Die Moderatorin sollte auch die fallbearbeitende Kollegin davon abhalten, Vorschläge zu bewerten oder Erwiderungen zu geben. Idealerweise wird dies durch eine lösungsorientierte Klammer eingeleitet:

„Vielen von uns sind jetzt Tipps und Ratschläge eingefallen, die <u>uns</u> nützlich erscheinen. Wir gehen aber davon aus, dass diese nicht unbedingt auch <u>für dich</u> nützlich sein werden. Deshalb werden wir sie nicht diskutieren. Höre sie einfach an und notiere dir gerne, was dir gefällt oder was du später noch einmal bedenken möchtest."

12. Die Moderatorin erbittet eine **<u>kurze</u>** (auch hier keine Vorschläge bewerten) Rückmeldung von P. und dankt der ganzen Gruppe.

KURZER MODERATIONSLEITFADEN FALLBESPRECHUNG

1. Fall / Projektstand **kurz** schildern lassen (Zeitbegrenzung auf 5-10 Minuten, „ZeitwächterIn" der Gruppe achtet auf die Einhaltung).

2. „Stell dir vor, alles läuft ganz optimal, als sei ein Wunder geschehen. Wie würde die Sache dann aussehen?"

3. Skala: 10 = das Wunder 0 = das krasse Gegenteil, der schlimmste Tag mit dem Fall
   „Wo zwischen 0 und 10 kannst du die Sache **heute** einordnen?"

4. „Mit wie viel von 10 wirst du zufrieden sein?"

5. „Welche Person (außer dir selbst) hat geholfen, dass die Sache auf (x) ist und nicht auf 0?"
6. „Welcher glückliche Umstand hat geholfen, dass die Sache auf (x) ist und nicht auf 0?"
7. „Welche eigene Aktivität von dir hat geholfen, dass die Sache auf (x) ist und nicht auf 0?"
8. „Welche Aktivität der Klientin hat geholfen, dass die Sache auf (x) ist und nicht auf 0?"

9. Alle dürfen (müssen nicht) reihum Informations-Fragen stellen.

10. Eine Runde mit **ehrlicher** Anerkennung und ernsthaftem „Lob".

11. Eine Runde mit Tipps und Ratschlägen, die **nicht** diskutiert werden.

12. Ganz kurze Rückmeldung der Kollegin. Dank der Moderation an alle.

KOLLEGIALER JAHRES-RÜCKBLICK oder „POSITIVER KLATSCH"

Ziel: das letzte Jahr unter lösungsorientierter Perspektive betrachten, eine Kultur der ehrlichen positiven Rückmeldungen etablieren
Dauer: ca. 60 - 90 Minuten
Ausstattung: Vorbereitete Moderationskarten
TeilnehmerInnen: 6 – 20 TeilnehmerInnen

Laden Sie Ihre KollegInnen zu einem Jahres-Rückblick im Team ein. Auch der Abschluss eines größeren Projektes kann so gestaltet werden.

Zum Ablauf: Es werden 3 bis 5 Kleingruppen gebildet, die folgende Aufgabe erhalten:

„Füllen Sie für jede Kollegin und jeden Kollegen, die nicht in Ihrer Kleingruppe sind, eine Moderationskarte aus. Auf der Vorderseite soll ein ehrliches und kurzes Statement zu der Frage stehen:

Das hat uns im letzten Jahr bei Ihnen / bei dir fachlich gefallen / imponiert:

Auf der Rückseite soll ein ehrliches und kurzes Statement zu der Frage stehen:

Das hat uns im letzten Jahr an Ihnen / an dir als KollegInnen besonders gefallen / gefreut:

In einer großen Runde steht anschließend jede Kollegin einmal im Mittelpunkt. Die Moderationskarten werden verlesen, die Kollegin beklatscht.

14. LESE-EMPFEHLUNGEN

Dieses Buch ist kein Lehrbuch der Lösungsorientierung, sondern ein Trainingsbuch. Es muss ergänzt werden durch begleitende Seminare und Lektüre. Hier ein Hinweis auf eine Auswahl der „Klassiker" des lösungsorientierten Ansatzes aus dem Brief Family Therapy Center in Milwaukee. Alle genannten Bücher enthalten eine Vielzahl von Beispielen und Ideen für lösungsorientierte Gesprächsführung.

BERG, Insoo Kim und Peter DE JONG. 1998. Lösungen (er)finden. Das Werkstattbuch der lösungsorientierten Kurztherapie. Modernes Lernen Dortmund

BERG, Insoo Kim & Scott D. MILLER. 2000. Kurzzeittherapie bei Alkoholproblemen. Carl-Auer-Systeme Verlag Heidelberg

BERG, Insoo Kim und Susan Kelly. 2001. Kinderschutz und Lösungsorientierung. Erfahrungen aus der Praxis, Training für den Alltag. Modernes Lernen Dortmund

BERG, Insoo Kim. 2002. Familien-Zusammenhalt(en). Ein kurztherapeutisches und lösungs-orientiertes Arbeitsbuch. Dortmund

DE SHAZER, Steve. 1998. Das Spiel mit Unterschieden. Carl-Auer-Systeme Verlag Heidelberg

DE SHAZER, Steve. 1999. Wege der erfolgreichen Kurztherapie. Klett – Cotta Stuttgart

DE SHAZER, Steve. 2002. Der Dreh - überraschende Wendungen und Lösungen in der Kurzzeittherapie. Carl-Auer-Systeme Verlag Heidelberg

LÖSUNGSORIENTIERTE TRAININGS

Lösungsorientierte Trainings, an denen ich selbst mitwirke, finden Sie bei

Fachhochschule Düsseldorf
FSP Berufliches Selbstmanagement
Universitätsstr. 1
40225 Düsseldorf
Prospektbestellung: 0211-8111335
www.xloesungen.de.vu

wdoeff training und beratung
Estermannstr. 204
53117 Bonn
Prospektbestellung: 0228-674663
www.wdoeff.de